FOYERS
ET
OULISSES

HISTOIRE ANECDOTIQUE

DE TOUS LES THÉATRES DE PARIS

COMÉDIE-FRANÇAISE

TOME II

AVEC PHOTOGRAPHIES

PARIS

TRESSE, ÉDITEUR

GALERIE DE CHARTRES, 10 ET 11
PALAIS-ROYAL

MDCCCLXXIV
Tous droits réservés.

FOYERS & COULISSES

CINQUIÈME LIVRAISON

COMÉDIE-FRANÇAISE

TOME II

EN VENTE :

LES BOUFFES-PARISIENS

LES FOLIES-DRAMATIQUES

LES VARIÉTÉS

LE PALAIS-ROYAL

SOUS PRESSE :

LE GYMNASE

LE VAUDEVILLE

Paris — Richard-Berthier, 18 et 19, pass. de l'Opéra

FOYERS
ET
COULISSES

HISTOIRE ANECDOTIQUE DES THÉATRES DE PARIS

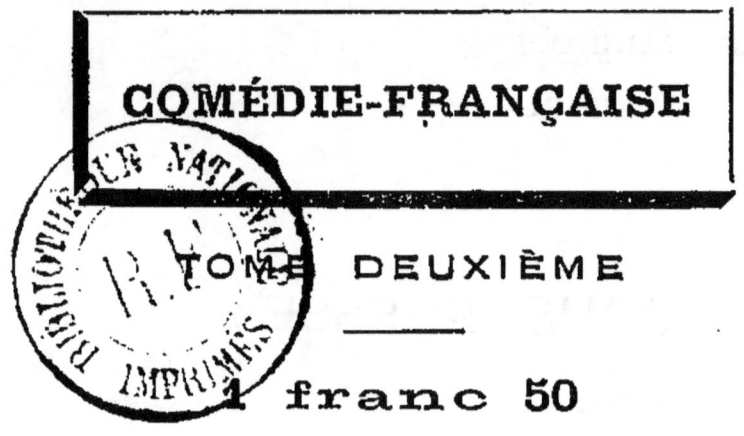

COMÉDIE-FRANÇAISE

TOME DEUXIÈME

1 franc 50

AVEC PHOTOGRAPHIES

PARIS
TRESSE, ÉDITEUR
10 ET 11, GALERIE DE CHARTRES
Palais-Royal
1873

Tous droits réservés

LA COMÉDIE-FRANÇAISE
(1680-1874)

IX

L'ADMINISTRATION ACTUELLE DE LA COMÉDIE FRANÇAISE (1874).

La Société actuelle des comédiens du Théâtre-Français n'a point de directeur; le personnage qui préside à ses destinées porte le titre officiel d'administrateur général, président du comité. L'administration de la Société est dévolue à un comité composé de six comédiens sociétaires et de deux suppléants. Quant à l'administration du théâtre lui-même, elle comporte un personnel assez nombreux dont voici les principaux titulaires :

MM.

EMILE PERRIN, administrateur général, président du comité; VERTEUIL, secrétaire général de la Comédie et secrétaire du comité ; Regnier, sociétaire retiré, directeur de la scène ; Chevallier, régisseur ; Guilloire, contrôleur général ; Cagnin, premier contrôleur ; Léon Guillard, bibliothécaire-archiviste ; Toussaint, caissier.

La Comédie est nantie, en outre, d'un conseil judiciaire dont voici les divers membres :

MM.

Ernest Boinvilliers, avocat ; Nogent Saint-Laurens, avocat ; Nicolet, avocat à la cour d'appel ; Perriquet, avocat à la cour de cassation ; Sebert, notaire ; Perrin, avoué d'appel ; Denormandie, avoué de 1re instance ; Marraud, agréé au tribunal de commerce ; Petitjean, membre honoraire.

M. ÉMILE PERRIN

Avant qu'il devînt l'un des plus éminents directeurs que les théâtres de Paris aient eu à leur tête, M. Emile Perrin fut un peintre de talent et un critique d'art distingué. Il apprit la peinture chez Gros et chez Delaroche, et prit part, pour la première fois, en 1840, aux expositions publiques. Il a donné en même temps, à divers journaux ou revues, des articles d'art et des comptes rendus de Salons qui ont été remarqués.

C'est seulement en 1848, à l'âge de trente-trois ans (1), que M. Perrin est devenu directeur de théâtre. Il accepta alors la direction de l'Opéra-Comique, qu'il a conservée jusqu'en 1857. Le 4 novembre de cette même année, il quitta momentanément sa direction, et la reprit le 27 janvier 1862, puis il l'abandonna de nouveau pour l'Académie nationale de musique, dont il eut l'administration suprême jusqu'en 1871, époque de son arrivée à la Comédie-Française. Les directions successives de M. Perrin ont porté bonheur à nos deux premières scènes lyriques; elles ont dû à son active et intelligente administration une prospérité considérable que l'une d'elles, surtout, n'a jamais su retrouver depuis. M. Perrin a eu l'habileté de découvrir, pendant ses deux directions, des artistes distingués, brillants,

(1) M. Emile Perrin est né en 1815.

illustres même, auxquels il a confié l'interprétation d'œuvres nouvelles que leur mérite a, la plupart, maintenues au répertoire. Qui ne se souvient, à l'Opéra-Comique, du *Val d'Andorre*, du *Caïd*, des *Porcherons*, des *Noces de Jeannette*, de *Galatée*, de *l'Étoile du Nord ?* etc., et des cantatrices qui se nommaient Ugalde, Miolan, Lefebvre ?... et des chanteurs tels que Bataille, Jourdan, Faure ?... A l'Opéra, M. Perrin joue *l'Africaine* et *Don Carlos*, remonte *Don Juan*, ouvre la scène de l'Académie de musique au *Faust* de M. Gounod, et enfin engage Faure, Mmes Nilsson et Miolan-Carvalho.

M. Perrin fut appelé à la direction de la Comédie-Française le 8 juillet 1871. Les registres du théâtre constatent que son installation a eu lieu le 19 du même mois.

En prenant à la Comédie-Française la succession directe de M. Edouard Thierry, M. Perrin acceptait une grosse responsabilité et une lourde tâche. M. Thierry, homme de beaucoup de finesse, de tact et de goût, a marqué bien vivement la trace de son passage à la Comédie-Française, où son souvenir lui survivra toujours. Mais les difficultés semblent plaire à M. Perrin; il a été habitué à les regarder en face et il a toujours eu assez de bonheur et de savoir-faire pour triompher des plus ardues et des plus sérieuses.

L'une des premières œuvres nouvelles représentées au Théâtre-Français, sous l'administration de M. Perrin, a été une pièce d'une indiscutable valeur littéraire, *Nany*, de M. Meilhac. Quelques traits outrés du caractère principal de cette comédie distinguée ont nui à son succès. Mais cette tentative de M. Perrin annonçait sa résolution bien arrêtée de ne pas conduire la Comédie-Française dans des voies étrangères à ses traditions.

La reprise d'*Adrienne Lecouvreur*, et surtout celle de *Marion Delorme*, sont aussi tout à l'honneur de M. Perrin.

Voici, d'ailleurs, dans leur ordre chronologique, la liste des pièces qui ont été créées ou reprises au Théâtre-Français depuis l'avénement de cet habile directeur :

26 septembre 1871. — *Adrienne Lecouvreur* (reprise).

20 décembre. — *Christiane* (première représentation).

12 avril 1872. — *Nany* (première représentation).

4 juillet. — *Andromaque* (Début de Mounet-Sully).

20 septembre. — Les *Enfants* (première représentation).

3 octobre. — Le *Cid* (début de Mounet-Sully).

14 novembre. — *Hélène* (première représentation).

26 novembre. — La *Farce de Maître Pathelin* (première représentation).

14 décembre. — *Britannicus* (débuts de Mounet-Sully).

10 février 1873. — *Marion Delorme* (reprise) (1).

18 avril. — *L'Acrobate* (première représentation).

4 juin. — *L'Absent* (première représentation).

26 juin. — Le *Testament de César Girodot* (reprise).

1er juillet. — *L'Été de la Saint-Martin* (première représentation).

22 juillet. — *Chez l'Avocat* (première représentation).

29 décembre. — *Jean de Thommeray* (première représentation).

(1) Cette reprise a produit les plus fortes recettes que le Théâtre-Français ait jamais faites. Les trente premières représentations ont donné 198,144 fr.; les trente premières du *Sphinx* n'ont rapporté que 182,689 fr. Enfin, si l'on remonte aux plus grands succès du Théâtre-Français, sous l'Empire, on trouve que la pièce qui a le plus rapporté est *Paul Forestier* (1868), qui n'a cependant donné, pour ses trente premières représentations, que 181,810 fr. Les gros chiffres sont donc, décidément, du côté de M. Perrin.

27 janvier 1874. — La *Cigüe* (reprise).
23 mars. — Le *Sphinx* (première représentation).
12 mai. — *La Belle Paule* (première représentation).
15 juin. — *Tabarin* (première représentation).

La Comédie-Française, comme premier théâtre littéraire du monde, n'a donc point dégénéré dans les mains de M. Perrin. Pendant sa gestion, la prospérité financière du théâtre s'est également accrue. La dernière année de l'Empire (1869) avait donné, comme recette, un total de 995,000 francs; la première année complète de M. Perrin, l'année 1872, a produit 1,360,000 francs de recettes! Les chiffres ont une éloquence qui n'a jamais eu besoin de commentaires !...

M. Emile Perrin est, depuis le 23 juillet 1871, membre du conseil municipal de Paris (9e arrondissement); il est officier de la Légion d'honneur.

M. VERTEUIL

M. Verteuil (Jules) appartient à la Comédie-Française, comme secrétaire, depuis plus de trente ans. Il avait jadis rempli, un moment, les mêmes fonctions sous la fameuse direction d'Harel, à la Porte-Saint-Martin. Il avait aussi été un peu libraire, ce qui explique le goût éclairé et la passion de cet homme d'esprit pour les livres rares et pour les belles éditions.

La situation de M. Verteuil est l'une des plus délicates de la Comédie-Française. Il en connaît tous les secrets, petits et grands; comme secrétaire du Comité il a un peu le rôle du Solitaire de feu le vicomte d'Arlincourt, qui savait tout, voyait tout, était partout. Mais, je l'ai déjà dit, M. Verteuil est tellement discret qu'il n'écrit même pas ses Mémoires. Et pourtant — s'il les eût écrits — quelle source de renseignements curieux et sûrs le sympathique secrétaire eût pu laisser après lui pour les historiens futurs de son théâtre!...

M. REGNIER

Je ne veux pas raconter ici, en détail, la vie dramatique de M. Regnier. Je l'ai déjà fait, d'ailleurs, dans un petit volume qui est entièrement consacré à cet éminent comédien (1), et j'y renvoie le lec-

(1) *Regnier, sociétaire de la Comédie-Française*

teur. Je me bornerai à un court résumé emprunté à ce volume même.

M. Regnier est né à Paris le 1ᵉʳ avril 1807. Il entra à l'âge de 20 ans dans la carrière du théâtre, et de 1827 à 1831 il joua surtout en province. Le 6 juin de cette dernière année, il débuta au théâtre du Palais-Royal, qu'il quitta bientôt pour la Comédie-Française, où il parut, pour la première fois le 6 novembre 1831 dans le rôle de Figaro, de *la Folle journée*. Il fut nommé sociétaire le 1ᵉʳ avril 1835, et il a appartenu à la Comédie-Française sans interruption jusqu'au 31 mars 1871, c'est-à-dire pendant quarante années.

J'ai relevé sur les registres de la Comédie la nomenclature complète des rôles, créés ou repris au Théâtre-Français par M. Regnier pendant ces quarante années. Ils s'élèvent au chiffre exact de 250, et j'en ai donné la liste dans le petit livre que j'ai cité plus haut.

M. Regnier a acquis, dans sa longue carrière, une grande expérience des choses du théâtre. Il est lui-même un auteur dramatique des plus distingués, et il a collaboré anonymement à un assez grand

---

(1831-72), par Georges d'Heylli, avec portrait à l'eau forte ; un vol. petit in-18, tiré à 546 exemplaires. Librairie générale, Paris 1872.

nombre de pièces à succès, jouées notamment à la Comédie-Française. La plus célèbre de ces pièces, *Mademoiselle de la Seiglière*, a été faite en grande partie par M. Regnier; il a été cette fois un véritable collaborateur (1), et il avait tous les droits — qu'il a d'ailleurs explicitement reconnus lui-même depuis — à être nommé sur l'affiche après l'auteur du roman, qui avait fourni le sujet de la pièce, et qui cependant l'a signée seul.

En 1854, M. Regnier a été nommé professeur au Conservatoire et sa classe a toujours produit des élèves remarquables. L'un d'eux, M. Coquelin aîné, a même aujourd'hui une situation exceptionnelle.

Le 10 avril 1872 a eu lieu la représentation de retraite de M. Regnier, et au mois d'août de la même année, l'illustre comédien recevait, des mains du ministre de l'instruction publique, la croix de la Légion d'honneur.

Le 15 septembre 1873 M. Regnier est rentré à la Comédie-Française, non pas cette fois comme artiste, mais avec le titre de directeur de la scène (2) : on ne pouvait

(1) Voyez à ce sujet l'article de Jules Janin aux *Débats* (10 novembre 1851).
(2) Cette situation a été créée spécialement pour M. Regnier, lors du départ du régisseur général, M. Davesnes.

faire un meilleur choix ; le soin de la mise en scène, des pièces nouvelles ou des reprises importantes, à la Comédie-Française, appartient donc aujourd'hui tout à fait à M. Regnier, et tout le monde sait avec quelle haute compétence et quel sûr coup d'œil il est capable d'exercer d'aussi difficiles et délicates fonctions.

M. CHEVALLIER

Le titre officiel de M. Chevallier (Charles) est celui de deuxième régisseur. Il est aide metteur en scène, très au fait des usages et des traditions de la Comédie, expérimenté, actif, et d'une grande utilité pour tout ce qui regarde la mise au théâtre des reprises ou des pièces nouvelles. Il a en outre le soin de la rédaction des registres où sont mentionnées les représentations de chaque jour, et la conservation de ceux de ces registres qui ne remontent pas au delà de vingt années, après lequel temps ils sont transportés aux archives du théâtre. Les bulletins de répétition, les affiches et leur correction, et je ne sais combien d'autres menus détails d'intérieur constituent, pour M. Chevallier, un emploi très-laborieusement occupant et qui est précisément, comme on le voit, le contraire d'une sinécure.

M. Chevallier appartient à la Comédie-Française depuis le 1ᵉʳ juillet 1867.

M. GUILLOIRE

Lorsque M. Destournelles a quitté la Comédie, en janvier 1874, il a été remplacé, comme contrôleur général, par un ancien officier d'administration de première classe, M. Guilloire.

M. Joseph-Stanislas Guilloire est né en 1828; il a été longtemps soldat, dans la garde républicaine, puis dans l'infanterie de ligne, de 1848 à 1857. Il est entré dans l'intendance militaire le 4 juin de cette dernière année et il est devenu officier d'administration de première classe le 19 février 1872. Il a fait de nombreuses campagnes (Italie, Afrique, Mexique, armée du Rhin, prisonnier en Allemagne, et armée de Versailles pendant la Commune).

Le 20 novembre 1872, il a reçu la décoration de la Légion d'honneur.

M. Guilloire est encore trop nouveau à la Comédie pour qu'il soit possible de l'apprécier autrement que sur son passé, mais ce passé est assez honorable pour qu'on puisse féliciter, à coup sûr, le Théâtre-Français de l'heureuse acquisition qu'il vient de faire.

M. CAGNIN

Le premier contrôleur, au bureau d'entrée de la Comédie, sur la rue de Richelieu, et faisant face à la statue de Talma assis, qu'on aperçoit tout d'abord, est l'aimable M. Cagnin. Sa position au Théâtre-Français s'exerce sous l'autorité directe du contrôleur général, M. Guilloire. Pendant l'heure qui suit l'ouverture des bureaux de la Comédie, M. Cagnin en est certainement l'homme le plus assailli et le plus occupé. Il doit répondre un peu à tout le monde à la fois, et, autant qu'il est possible, contenter tout le monde. Il est le grand placier en chef; il a devant lui la feuille de location, la note des places disponibles et, comme un général d'armée, devant ses cartes stratégiques, il règle pour la soirée son ordre de bataille.

M. Cagnin apporte, dans ces délicates fonctions, la plus grande urbanité et toujours beaucoup de complaisance. Il sait concilier, avec les exigences du service, les prévenances les plus aimables pour le public choisi auquel il a affaire et l'on n'a jamais entendu qui que ce fût formuler une plainte contre lui.

J'ai recueilli, à ce propos, une piquante pièce de vers qui a été adressée à M. Cagnin par un spectateur dont il avait facilité l'entrée, bien que celui-ci n'eût pu présenter son billet qu'il avait oublié chez lui. Je la cite, comme pièce à l'appui de cette courte notice :

DÉDIÉ A MONSIEUR LE DIRECTEUR EN CHEF

DU CONTROLE DU THÉATRE-FRANÇAIS.

Bercy, le 7 juillet 1868.

Hier, le six juillet, je reçus vers le soir
Un billet de faveur par l'employé Lenoir,
A l'heure où, loin de nous, la céleste pendule

Dorait notre horizon, par son beau crépuscule.
Il était donc trop tard, alors, bousculant tout,
Je m'habillai soudain et partis comme un fou
Sur un petit vapeur-omnibus de la Seine,
Criant au conducteur, criant à perdre haleine :
La station du Louvre !! Et là, je me disais :
Tu vas franchir le seuil du Théâtre-Français.
Quelle déception quand je fus au contrôle !
Je perdis un moment, cher Monsieur, la parole,
Il fallait, pour passer, présenter mon billet,
Je l'avais, à Bercy, laissé dans mon gilet.
Oublié !... Quel affront ! je me sentis de glace,
Car j'étais sans un sou pour vous payer ma place,
Mais, revenant à moi, je vous dis franchement
Quel était le motif de mon accablement.
Que je fus soulagé lorsqu'après ma réclame
Vous fûtes assez bon pour consoler mon âme !
J'en garderai, Monsieur, longtemps le souvenir,
J'en parlerai souvent, toujours avec plaisir
Et n'oublierai jamais, non ! jamais de ma vie,
Le charme bienveillant de votre courtoisie.
Grand merci mille fois de votre bon accueil
Qui me fit, au parterre, aller m'asseoir à l'œil.
A l'instant où j'entrai, si ma plume est exacte,
L'Ecole des vieillards touchait au dernier acte,
C'est fâcheux, car la pièce est d'un sublime auteur,
Elle eût eu mes bravos ainsi que chaque acteur.
Je reconnus Talbot qui, dans le *Légataire*,
Aurait guéri plus d'un malade imaginaire ;
Pour un bon estomac qui se croit maladif,
Il n'est pas sous le ciel de meilleur lénitif.
C'est à pouffer de rire, on se tord, on éclate,
Je crois qu'un saint de bois s'y gonflerait la rate,
Mais, ce n'est pas le cas d'en faire éloge ici,
Le sujet à traiter est plutôt celui-ci :
Il est de Scribe, et... c'est Nah ! *Bataille de dames*.

Qu'il y peint bien la ruse et l'adresse des femmes.
Là, je pus, grâce à vous, admirer le talent
Du célèbre acteur Got, de Madame Brohan,
Quand le préfet du roi se présente chez elle
Pour arrêter Henri, ce dangereux rebelle,
Elle connaît si bien l'art de dissimuler
Que le perquisiteur ne peut que s'y tromper.
Il aura beau chercher, soudoyer quelque brute,
Elle triomphera, le vaincra dans la lutte.
La femme aura le pas et le préfet malin
Devant tout son astuce y perdra son latin.
De Scribe et Legouvé la pièce est ainsi faite
Et j'applandis Brohan, leur savante interprète.
Quant à vous, cher Monsieur, recevez aujourd'hui
Le billet oublié renfermé dans ce pli.

Avec le témoignage de ma reconnaissance

J'ajouterai, comme dernier renseignement, que M. Cagnin donne seulement ses soirées à la Comédie-Française. Dans la journée, il est fonctionnaire de l'Etat, et appartient, en qualité de commis, à l'un de nos principaux ministères.

M. LÉON GUILLARD

M. Guillard avait naturellement droit à une importante situation dans la maison de Molière, où il occupe, depuis quinze années, la position multiple de lecteur, de rapporteur, de bibliothécaire et d'archiviste. Depuis trente ans, M. Guillard a fait jouer, soit à la Comédie-Française, soit à l'Odéon, soit encore au Gymnase, une quantité assez considérable de pièces, dont plusieurs ont eu un vif et durable succès. On se souvient encore d'un *Mariage sous la Régence*, du *Double Veuvage*, du *Marchand de jouets*, du *Bal du Prisonnier*, et surtout de *Clarisse Harlowe* qui a été l'un des meilleurs succès de la regrettée Rose Chéri, au théâtre du Gymnase.

M. Guillard avait d'abord été journaliste, et même fonctionnaire public, ayant occupé un moment les fonctions de chef du cabinet du préfet de l'Hérault. Il est entré à la Comédie-Française, en 1855. J'ai déjà eu l'occasion de constater, dans ce petit livre, l'accroissement considérable que la bibliothèque de la Comédie doit à M. Guillard. Il en est, en quelque sorte, le véritable créateur; c'est lui qui l'a sortie du désordre, et il y a introduit des classifications méthodiques en la remaniant de fond en comble. Il a su obtenir un agrandissement de local, et il a ouvert les riches collections de documents de la Comédie aux travailleurs et aux érudits; par sa grâce, par ses complaisances pour les écrivains, par l'accueil empressé qu'il a toujours fait à ceux qui le venaient consulter, il a donné une véritable impulsion aux travaux entrepris sur l'histoire de la Comédie Française. Je dois personnellement trop de gratitude à cet homme aimable et éclairé, pour n'en pas consigner, dans ce petit écrit, puisque j'en trouve ici l'occasion, la plus sincère comme la plus affectueuse expression.

M. Guillard est l'un des lecteurs-rapporteurs de la Comédie-Française. Ce n'est pas la partie la plus agréable de ses fonctions. Que de manuscrits ineptes il a dû lire !... Que de pièces stupides il lui a fallu « avaler » ! Il est chargé, en outre, de faire au Comité, sur chaque pièce qu'il a lue, un rapport concluant soit au rejet pur et simple de la pièce présentée, soit à une prise en considération qui a pour résultat la lecture devant ce même Comité.

A ce propos, il n'est pas inutile de dire que toute pièce déposée au Théâtre-Français suit régulièrement, et sans exception, la filière que je viens d'indiquer. La Comédie cherche des auteurs, elle les appelle tous à elle, sans distinction aucune, et elle est toute disposée à jouer, d'où qu'il vienne, le chef-d'œuvre du plus inconnu parmi les inconnus ! La grande question, hélas ! c'est de trouver le chef-d'œuvre ! Jusqu'à ce jour, les trois cents pièces d'auteurs ignorés, présentées annuellement à la Comédie-Française, n'ont guère donné lieu, — à quelques exceptions près,— qu'à des refus, hélas!... obligés (1).

M. Guillard est chevalier de la Légion d'honneur, depuis le 15 août 1861.

(1) Les deux autres lecteurs de la Comédie sont MM. Narcisse Fournier et Laffite.

X

SOCIÉTAIRES ET PENSIONNAIRES

C'est encore le décret de Moscou, modifié toutefois par les décrets des 27 avril 1850 et 19 novembre 1859, qui régit, en partie, la Société des comédiens français. Cette Société, qui date de la création de la Comédie elle-même, a été souvent reconstituée, mais elle s'est perpétuée, jusqu'à nos jours, sur les mêmes bases et avec le même point de départ.

Les artistes sociétaires se partagent les bénéfices de l'association commune, d'après les droits fixés pour chacun d'eux. Lorsqu'il est admis dans la Société, l'artiste a, pour le moins, un quart de part. Après deux ans d'admission, il a droit à un huitième en sus qui est pris, si les fonds sociaux sont insuffisants, sur d'autres fonds laissés spécialement en réserve pour les cas imprévus.

Les conditions pour l'admission au sociétariat se bornent à l'obligation d'un an au moins de services rendus par le pensionnaire du théâtre appelé à cette haute fortune. Il a été cependant parfois dérogé au règlement en faveur de certains artistes éminents qui entraient directement à la Comédie-Française, et souvent avec part entière. Nous pourrions citer des cas, encore bien récents, de ces exceptions qui ont été souvent justifiées par les éclatants services et le grand mérite de l'artiste choisi, mais qui, parfois aussi, ont été imposées par le ministre dans les attributions duquel est placée la Comédie-Française.

Tout sociétaire est soumis à la réélection au bout de dix années d'exercice. Après vingt ans de services, le sociétaire a droit à sa retraite, et il obtient une pension de 4,000 francs, payée, pour moitié, sur les fonds de la Comédie et sur ceux du ministère. L'artiste qui continue à jouer au delà des vingt ans exigés pour la retraite reçoit, lorsqu'il se retire définitivement, une augmentation de 200 fr. pour chaque année qu'il a donnée en plus à la Comédie.

Ces rapides renseignements que je ne puis que résumer ici d'après les trois décrets précités, établiront cependant, d'une manière suffisante, pour le lecteur, la situation administrative actuelle des comédiens français. Je les compléterai par une courte notice sur les artistes de la Comédie, présentement en exercice, en commençant par les sociétaires, et en les plaçant dans l'ordre chronologique de leur admission au sociétariat et, pour les pensionnaires, de leur date d'entrée à la Comédie-Française :

M. GOT

M. Edmond Got, aujourd'hui le doyen des sociétaires de la Comédie-Française, n'a guère plus de cinquante ans. Il appartient à notre première scène depuis 1841. C'est un ancien élève du collége Charlemagne, devenu lauréat du concours général et qui a tous les goûts et toutes les aptitudes du lettré. Il a écrit des livrets d'opéra, prononcé des discours de circonstance et publié quelques lettres d'une tournure élégante et même raffinée.

M. Got a débuté à la Comédie-Française, le 17 juillet 1847, dans le rôle d'Alain des *Héritiers* et dans celui de Mascarille des *Précieuses ridicules*. Il s'est placé du premier coup, par sa finesse, sa franche gaieté, l'originalité de son jeu et son admirable instinct dramatique, au rang le plus rapproché des illustres artistes que possédait alors la Comédie-Française, et il est depuis, comme eux, passé maître. Il fut admis au sociétariat en 1850, et il a repris ou créé, dès lors, tous les rôles importants de son emploi, dans l'ancien et dans le nouveau répertoire. La nomenclature complète des pièces où M. Got a paru devant le public remplirait la moitié de ce petit volume. Molière, Beaumarchais, Regnard, Marivaux, Racine *(les Plaideurs)*, Corneille *(le Menteur)*, etc. doivent à M. Got l'interprétation la plus curieuse et la plus complète des personnages qui rentraient dans sa spécialité. Les pièces du répertoire moderne, où s'est signalé l'éminent comédien, sont également nombreuses. Citons dans *le Cœur et la Dot* (24 décembre 1852), le rôle du capitaine Baudrille, l'une des plus étonnantes créations de Got; *les Lundis de Madame* (1er avril 1853); *une Journée d'Agrippa d'Aubigné* (5 novembre 1853); le Paysan, dans *Louis XI* (6 décembre 1853); Spiégel, dans la *Pierre de touche* (23 décembre 1853); *la Niaise* (10 novembre 1854); *les Jeunes Gens* (10 mars 1855); Tibia, dans la reprise des *Caprices de Marianne* (5 juillet 1854), rôle qu'il y avait créé, le 4 juin 1851; les

Piéges dorés (21 janvier 1856); *Guillery*, d'Ed. About (1ᵉʳ février 1856); *Fais ce que Dois* (17 septembre 1856); les *Pauvres d'Esprit* (27 novembre 1856); *un Vers de Virgile* (14 février 1857); *la Fiammina* (12 mars 1857); le *Retour du Mari* (1ᵉʳ mars 1858); *Souvent Homme varie* (2 mai 1859); le *Duc Job* (4 novembre 1859), l'un des plus grands succès de M. Got; puis la triomphante création des *Effrontés* (10 janvier 1861); *l'Honneur et l'Argent* (21 janvier 1862); la *Papillonne* (11 avril 1862); *le Fils de Giboyer* (1ᵉʳ décembre 1862); *Il ne faut jurer de rien*, lors de la reprise, pour les débuts de Mᵐᵉ Victoria-Lafontaine (26 février 1864); le rôle de l'abbé que Got a créé dans la pièce (22 juin 1848) est l'un de ceux qu'il a le plus complétement étudiés et le mieux rendus; la *Maison de Pénarvan* (15 décembre 1863); *Moi!* (21 mars 1864); *Maître Guérin* (29 octobre 1864); *Henriette Maréchal* (5 décembre 1865); *le Fils* (30 octobre 1866). C'est dans cette même année 1866 que M. Got créa, par autorisation spéciale, à l'Odéon, le rôle d'André Lagarde dans *la Contagion* (17 mars).

Le 22 octobre 1868, M. Got reprend, sur la scène du Théâtre-Français, le rôle de Mercadet, créé au Gymnase par M. Geoffroy. Il donne à cette reprise l'importance d'une création nouvelle; M. Geoffroy avait fait de Mercadet un bonhomme qui tournait parfois au Géronte; M. Got nous a présenté le véritable homme d'affaires, plus sec d'allures et de diction, préoccupé, maussade, le tout avec une pointe d'ironie et de malice qui accentuait davantage encore le caractère de ce « faiseur » madré et retors.

Deux autres reprises, plus récentes, ont fait également grand honneur à M. Got : il a voulu jouer, après Provost, le *Gendre de M. Poirier*, et après Régnier le *Supplice d'une Femme*. Le succès de ces deux tentatives ne pouvait d'ailleurs rien ajouter au grand renom de M. Got, dont le talent a une souplesse et une variété qui n'ont plus, depuis longtemps, leurs preuves à faire.

M. DELAUNAY

M. Delaunay est le plus parfait des jeunes premiers ; il en est le type le plus complet, le modèle le plus achevé. Il a pour lui le charme d'une jeunesse qui paraît devoir être éternelle; une tournure que l'âge n'a point modifiée et un organe demeuré aussi frais, aussi pur, aussi enchanteur que le premier jour.

M. Louis-Arsène Delaunay est né en 1826. Elève du Conservatoire, il a débuté, à l'Odéon, en 1846. Le 25 avril 1848, il est entré à la Comédie-Française, par le rôle de Valère de l'*Ecole des Maris;* il a été créé sociétaire en 1850, et depuis cette époque il n'est point de pièce importante de l'ancien, comme du nouveau répertoire, où cet élégant artiste n'ait paru avec le plus vif et le plus constant succès. Qui a mieux joué que lui, et avec plus de légèreté et de folle insouciance, l'élégant Dorante du *Menteur?* Tous les jeunes premiers de Molière ont brillé sous ses traits d'une nouvelle et retentissante jeunesse; il a été l'adorable Fortunio du *Chandelier,* le langoureux Perdican de *On ne badine pas avec l'amour;* Cœlio, le mélancolique, dans les *Caprices de Marianne*; puis Georges de l'*Honneur et l'argent,* Olivier de *Jean Baudry,* le vicomte du *Lion amoureux,* Taddeo de *Galilée,* etc... C'est lui qui a repris *Hernani, Fantasio,* et créé avec une passion pleine de folles ardeurs les scènes brûlantes des *Faux ménages* et de *Paul Forestier.*

Lequel, parmi les jeunes gens qui, à la Comédie-Française, gravitent à la suite de cet admirable comédien, saura avoir assez de volonté, de courage, de persévérance dans le travail pour prétendre un jour à sa difficile succession ?... C'est à M. Boucher, c'est à M. Berton qu'il appartient d'y songer, s'ils ne veulent pas que ce parfait artiste, l'idéal véritable des jeunes premiers, n'en soit irrémédiablement le dernier.

M. MAUBANT

M. Maubant est le dernier des tragédiens ; il a toutes les meilleures qualités de l'emploi, voix grave et sévère, belle prestance, physionomie un peu rude, comme il convient aux grands premiers rôles classiques, le geste noble et mesuré, en un mot une grande tenue et surtout la tradition.

Né en 1821, M. Maubant est sorti du Conservatoire en 1841 avec un second prix de tragédie. Il a débuté à la Comédie-Française au mois d'août de cette même année par le rôle d'Achille, d'*Iphigénie en Aulide*. Il ne fit alors que passer sur notre première scène, puis il alla se perfectionner à l'Odéon et reparut, définitivement, à la Comédie-Française, en 1845. Il a été admis au sociétariat en 1852. Je ne citerai point toutes les tragédies qu'il a jouées, car le répertoire entier l'a eu pour interprète. Dans la comédie, il représente avec beaucoup d'autorité les pères nobles et les grands raisonneurs de Molière. Dans le répertoire moderne, on l'a particulièrement remarqué dans *Charlotte Corday* (Danton), *Ulysse* (Eumée), le *Lion Amoureux* (le comte d'Ars), *Galilée* (l'Inquisiteur), les *Ouvriers* et l'*Absent*.

M. BRESSANT

Après vingt ans de succès non interrompus aux Variétés, à Saint-Pétersbourg et au Gymnase dramatique, le 6 février 1854, à l'âge de 39 ans, M. Bressant débutait à la Comédie-Française, avec le rang et les droits complets de sociétaire, dans *Mon étoile*, de Scribe, et les *Femmes savantes* (Clitandre). Le *Verre d'eau*, Made-

moiselle de Belle Isle, le *Gendre de M. Poirier*, *l'Aventurière*, le *Lion amoureux*, *Hernani*, etc., ont permis à M. Bressant de se montrer successivement avec tous ses avantages de haute distinction, d'élégance, de tenue et surtout de grande expérience dans l'art de bien dire. La diction de M. Bressant est en effet l'une des plus pures et des plus « charmeresses » qui se puissent entendre au théâtre ; la variété de ses intonations, la souplesse de sa voix, se prêtent à ravir à l'interprétation des genres les plus divers : très-ferme et très-héroïque dans *Hernani*, très-mielleuse, très-insinuante, tout à fait séduisante dans les proverbes charmants des Musset et des Feuillet où M. Bressant a tout particulièrement excellé. Le comte Almaviva des deux comédies de Beaumarchais a eu aussi, dans M. Bressant, un interprète des plus admirés ; nul n'a mieux joué que lui le brillant Almaviva du *Barbier de Séville*, personne n'a eu plus de hauteur, de froide dignité et de distinction souveraine que cet aimable comédien dans le comte de *la Folle journée*. La comédie de M. Pailleron, *les Faux ménages* (7 janvier 1869), a encore révélé en lui des mérites d'un ordre plus élevé : le personnage de ce mari coupable, qui a perdu dans l'ivresse et la débauche ses qualités natives, mais qui retrouve cependant, à de rares moments et comme par des lueurs passagères, les traces de sa distinction passée et de son honneur disparu, a été rendu par M. Bressant avec une profondeur savamment étudiée et une science et un soin de détails incomparables. Ce jour-là, M. Bressant a été bien certainement à la hauteur des plus illustres comédiens du théâtre français.

M. Bressant a été nommé professeur de déclamation au Conservatoire.

M. TALBOT

M. Talbot est entré assez tard à la Comédie-Française. Né en 1824, c'est seulement en 1856, le 20 janvier, que M. Talbot a débuté, rue de Richelieu, par le rôle d'Harpagon, dans l'*Avare,* après un assez long séjour à l'Odéon, où il avait joué tout l'ancien répertoire (1850-1856). Il a repris à la Comédie-Française la plupart des rôles de Provost et a joué surtout, avec un grand succès, le difficile personnage d'*Arnolphe,* dans l'*École des femmes.* Le 1ᵉʳ janvier 1859, M. Talbot a été créé sociétaire. C'est un comédien d'une grande conscience, très-épris de son art, qui a beaucoup de verve, une chaleur vraiment communicative et une certaine action sur le public qui l'applaudit toujours dans les vieux pères bernés et trompés du répertoire classique. M. Talbot a aussi le grand mérite d'être un excellent professeur, il donne des séances publiques pour encourager et faire valoir ses élèves et il prépare ainsi pour le Conservatoire, ou même plus directement pour la scène, de jeunes recrues qui lui devront peut-être un jour leur réputation et leur talent.

M. Talbot a épousé la fille de son ancien camarade, le sociétaire Geffroy.

M. COQUELIN (AINÉ)

M. Coquelin n'a été pour ainsi dire l'élève de personne ; ni le Conservatoire ni les maîtres ne peuvent donner à un artiste les hautes et précieuses qualités qui distinguent ce remarquable comédien, lequel a reçu en partage des dons de nature dont l'étude a simplement perfectionné le développement : un masque excellent, une verve éclatante, un organe plein de force et de souplesse, un rire comique irrésistible, un ensemble de physionomie irréprochable. M. Coquelin était né comédien, il a dû l'être dès l'âge le plus tendre, sa destinée était certainement écrite sur son berceau.

Élève de M. Regnier au Conservatoire, lauréat en 1860, il a débuté le 7 décembre de cette même année, à la Comédie-Française, dans Gros René, du *Dépit amoureux*. Le 29, il jouait Petit-Jean, des *Plaideurs* ; le 15 juin 1862, il reprenait, avec un grand éclat, le rôle de Figaro, dans *la Folle journée*. Le 26 février 1864, il jouait, dans *Faute de s'entendre,* le joli rôle de Blum créé par Regnier ; l'année précédente, le 1er janvier 1863, il avait été créé sociétaire deux ans seulement après ses premiers débuts. Cette rapide élévation était justifiée par les succès les plus constants et par la grande faveur avec laquelle le public avait sans cesse accueilli le comédien distingué qui en était devenu l'objet.

Les rôles les plus divers du répertoire ont été abordés par M. Coquelin ; il est inimitable dans la comédie classique, les valets de théâtre n'ont jamais eu d'interprète plus amusant, plus gai, plus vrai, je dirai même « plus nature ». M. Coquelin est toujours dans son personnage, et, bien qu'il joue souvent des rôles identiques, dans des pièces différentes, il n'est jamais semblable à lui-même et il varie sans cesse ses effets et son jeu avec une verve et une souplesse étonnantes. Il a eu, dans le répertoire moderne, des créations hors ligne qui l'ont placé tout à fait au premier rang ; dans *Gringoire,* il a montré une sensibilité, une émotion, une douceur, qu'on n'aurait pas soupçonnées en lui voyant jouer avec tant de verve les rôles plus gais et plus en dehors de son répertoire ordinaire. Il a été, dans le personnage malingre et souffreteux de Gringoire, d'une poésie étrange et d'un charme tout particulier ; il s'y est incarné véritablement, et il n'est point de soirée où il ait plus ravi le public et mieux affirmé sa haute valeur et conquis sa réputation (21 juin 1866). Aristide, du *Lion amoureux,* et surtout le rôle charmant de Marcel, dans les *Ouvriers* (17 janvier 1870), sont encore au nombre des bonnes créations de M. Coquelin. Le 6 décembre précédent, il avait été parfait de légèreté et de grâce dans le rôle du gentilhomme provincial de la comédie manquée d'Emile Augier, *Lions et renards,* et l'on peut dire qu'elle lui a dû, bien certainement, ses quelques représentations.

M. FEBVRE

M. Frédéric Febvre a eu une vie dramatique très accidentée. Il a tout au plus quarante ans et il a figuré déjà dans un nombre considérable de pièces sur je ne sais combien de théâtres. Ce comédien distingué se doit à lui-même son propre talent et sa réputation; il n'est point élève du Conservatoire, et, après avoir débuté au Havre dans la carrière du théâtre, il a joué successivement à l'Ambigu, à la Gaîté et à la Porte-Saint-Martin. C'est en 1857 qu'il cesse cette existence un peu trop nomade et irrégulière et qu'il vient débuter à l'Odéon. Il joue coup sur coup dans trois pièces qui le mettent en évidence : *le Rocher de Sisyphe*, *Daniel Lambert* et surtout *le Testament de César Girodot*, où il créa le personnage du gandin Célestin avec beaucoup de verve et d'originalité. M. Febvre retourne ensuite momentanément à l'Ambigu, puis revient à l'Odéon, où il reprend Dorante, du *Menteur*, et débute enfin au Vaudeville, en 1861, dans les *Mariages de Paris*, de M. About.

C'est au Vaudeville que M. Febvre a percé tout à fait ; ses créations dans *Nos Intimes*, *Un jeune homme de rien*, la *Jeunesse de Mirabeau* et la *Famille Benoiton*, lui ont fait le plus grand honneur et ont donné lieu à son admission à la Comédie-Française, où il a débuté le 19 septembre 1866, dans *Don Juan d'Autriche*. Le 14 novembre il a repris *Par droit de conquête*; le 15 décembre, il jouait Bernard Stamply, de *Mademoiselle de la Seiglière*, et prenait définitivement pied sur notre première scène. La Comédie ne fit point de longues difficultés pour admettre M. Febbre au sociétariat qui lui fut octroyé, avec tous ses avantages, le 1er mai 1867.

Le nouveau sociétaire crée *le Baiser anonyme* (15 novembre 1867, au palais de Saint-Cloud), *la Valise de Molière* (15 janvier 1868), *A deux de jeu* (14 septembre 1868), *Julie* (4 mai 1869), *la Parvenue* (30 août 1869), *les Enfants* (20 septembre 1871), etc. Le 16 octobre 1871, M. Febvre abordait, avec beaucoup de succès, le personnage de Tartufe.

M. Febvre excelle dans l'art de se grimer, il a par dessus tout la science du costume ; il est distingué, d'une physionomie agréable et douce; il a su se corriger en peu de temps d'un défaut de diction trop rapide, et il est devenu, dans l'emploi des Brindeau et des Bressant, l'un des plus précieux artistes de la Comédie-Française.

M. THIRON

M. Thiron, qui n'a que 43 ans, joue avec le plus grand succès les pères nobles, les petits vieillards, et tous les Gérontes et les Harpagons du répertoire. Il n'est point d'acteur plus fin, d'un regard plus malicieux, n'ayant qu'une petite voix, mais sachant si habilement s'en servir et faisant si coquettement valoir tous ses avantages et toute sa souplesse!...

Élève et lauréat du Conservatoire (1850), il débute d'abord à l'Odéon, puis s'engage dans la troupe que la grande Rachel traînait toujours après elle pour ses excursions lointaines. Enfin, en 1852, le 21 juillet, il débute une première fois au Théâtre-

Français dans Lubin, de *Georges Dandin;* le 6 août suivant, il joue Mascarille, des *Précieuses ridicules.* Mais il n'a que peu de succès sur notre première scène qu'il abandonne aussitôt pour un engagement plus solide à l'Odéon, où il obtient une rapide popularité dans l'ancien répertoire. M. Thiron a été célèbre pendant plus de quinze ans, par delà les ponts, avant de rentrer définitivement à la Comédie-Française, où il a reparu le 7 janvier 1869 par une création, celle d'Anthelme, dans les *Faux ménages.*

Le 26 février M. Thiron reprenait, dans *Il ne faut jurer de rien,* le rôle de Van Buck, créé par Provost ; le 20 août il jouait Bridoison, du *Mariage de Figaro.* Il a repris encore le *Bonhomme jadis* et la plupart des rôles classiques qu'il avait déjà joués à l'Odéon. Dans le répertoire moderne, il s'est fait remarquer surtout dans le *Chandelier* (16 mai 1872), et dans le *Marquis de la Seiglière* (21 octobre 1873), où il a repris le rôle du marquis qui n'avait jamais été joué à la Comédie-Française que par Samson, puis par Regnier.

M. Thiron a été proclamé sociétaire le 9 janvier 1872.

M. MOUNET-SULLY

M. Mounet-Sully est l'un des plus remarquables élèves de M. Bressant. En sortant des mains de son professeur, il a paru un moment à l'Odéon et aux matinées de M. Ballande. Il y a obtenu des succès très-flatteurs. Il était destiné dès lors à la Comédie-Française, où il a débuté avec un grand éclat, le 4 juillet 1872, dans Oreste, de l'*Andromaque* de Racine. On a reproché, toutefois, à M. Mounet-Sully certaines exagérations dans les gestes et dans la voix, qu'il a su modérer sensiblement depuis, notamment lors de la reprise de *Marion Delorme* (10 février 1873) et dans la création de Jean de Thommeray, qui lui a fait le plus grand honneur (29 décembre 1873).

Avant d'aborder le répertoire moderne, M. Mounet-Sully avait continué ses débuts par le *Cid* (3 octobre 1872), Néron, de *Britannicus* (14 décembre 1872), et Hippolyte, de *Phèdre* (17 septembre 1873). Ces trois derniers rôles n'avaient pas été toutefois aussi favorables à M. Mounet-Sully que celui d'Oreste, où il avait pu déployer à son aise tous ses emportements et toutes ses fureurs que comportait le caractère du personnage, et qui ont naturellement paru moins admissibles dans l'interprétation de rôles qui étaient loin de les exiger au même degré. Malgré tout, M. Mounet-Sully a de grandes qualités dramatiques, de la distinction et de la prestance, une physionomie pleine d'agréments, un regard sympathique, de la verve, de la chaleur — parfois trop de chaleur même — et il a une véritable action sur le public, qui n'a point désapprouvé sa rapide admission au sociétariat (1er janvier 1874).

Mlle NATHALIE

La réputation de Mlle Nathalie remonte déjà à l'année 1836. Il y a trente-huit ans que la sociétaire actuelle du Théâtre-Français créait, aux Folies-Dramatiques, cette fameuse *Fille de l'air*, qui fit courir tout

Paris et dans laquelle Mlle Nathalie jouait, dansait et chantait. Elle avait alors vingt ans, une beauté piquante, un entrain, une verve et une gaieté qu'elle a toujours conservés et qui ont contribué aux nombreux succès qu'elle a obtenus sur les divers théâtres où elle a joué avant d'arriver à la Comédie-Française. Nous la trouvons, en effet, en 1838, au Gymnase dramatique; en 1845, au Palais-Royal; en 1847, au Vaudeville, et enfin en 1849 au Théâtre-Français.

Mlle Nathalie, qui a été créée sociétaire au mois de juillet 1852, a recueilli la succession complète de Mme Allan : les grandes coquettes et ce qu'on appelle les rôles marqués n'ont pas de meilleure interprète. *La Joie fait peur, Mademoiselle de la Seiglière*, et dans l'ancien répertoire : le *Chevalier à la mode* et *Turcaret* ont fait particulièrement ressortir les remarquables qualités de Mlle Nathalie.

Mme MADELEINE BROHAN

Les débuts de Mme Madeleine Brohan à la Comédie-Française ont eu lieu le 15 septembre 1850, au sortir du Conservatoire, dans les *Contes de la reine de Navarre*, où cette belle personne créa le personnage de Marguerite. Ces débuts furent éclatants : l'admirable beauté de Mme Brohan ne nuisit pas, comme bien l'on pense, à ce grand succès, et moins de deux ans après, au mois de juillet 1852, la jeune comédienne fut admise sociétaire.

Les *Caprices de Marianne*, les *Demoiselles de Saint-Cyr*, le *Misanthrope*, *Tartufe*, les *Jeux de l'Amour et du Hasard*, *Mademoiselle de la Seiglière*, *Par Droit de conquête*, les *Deux veuves*, le *Mariage de Figaro* et le *Lion amoureux* sont les principales pièces qu'ait reprises ou créées Mme Brohan. Elle y a montré beaucoup de grâce et de distinction ; l'élégance et le charme de sa diction et de son sourire complètent, pour l'oreille et pour les yeux, une réunion de qualités et un ensemble de séductions qui, dans la personne de Mme Madeleine Brohan, n'ont encore ni diminué, ni vieilli.

Mme Madeleine Brohan a épousé M. Mario Uchard, romancier et auteur dramatique.

Mlle FAVART

Mlle Favart n'a pas été admise du premier coup à la Comédie-Française ; le 19 mai 1848, au sortir du Conservatoire, elle débuta dans le rôle de Valérie, elle parut ensuite dans Chérubin, du *Mariage de Figaro,* et créa le rôle de Césario, lors de la représentation, au Théâtre-Français, de l'*Andre del Sarte,* d'Alfred de Musset (21 novembre 1849). Mlle Favart fit aussi quelques tentatives dans le répertoire classique, mais elle n'était pas encore « mûre » pour les destinées qui l'attendaient sur notre premier théâtre. Elle le quitta momentanément, en 1851, et, le 15 novembre, elle alla faire ses débuts aux Variétés. L'année suivante elle rentrait à la Comédie-Française ; créait Lélia, de *Sullivan* (11 novembre 1852) ; Marthe, de *Romulus* (13 janvier 1854) ; reprenait divers rôles de l'ancien et du nouveau répertoire, et méritait enfin de voir couronner son talent et ses efforts par le titre de sociétaire (1er juillet 1854).

Dès lors, M{*lle*} Favart aborde tous les grands rôles, et se voit attribuer les plus importantes créations : *Ulysse, Mademoiselle Aïssé, Phèdre,* la *Reine de Lesbos, Rosemonde,* les *Ennemis de la maison,* le *Gâteau des Reines,* les *Piéges dorés, Comme il vous plaira,* le *Pied d'Argile, Fais ce que dois, Héro et Léandre, Rêves d'amour,* l'*Amant bourru,* l'*Aventurière* (Célie), la *Mort de Pompée, Horace et Lydie,* la *Considération, On ne badine pas avec l'amour, Dolorès,* le *Fils de Giboyer,* la comtesse du *Mariage de Figaro* (5 avril 1863), *Louis XI, Jean Baudry,* le *Gendre de M. Poirier, Voltaire au foyer, Maître Guérin,* le *Supplice d'une femme, Esther, Fantasio, Don Juan d'Autriche* (réduit en 4 actes), *Le Fils, Galilée, Hernani, Une nuit d'octobre,* d'A. de Musset ; *Paul Forestier,* les *Faux ménages, Julie, Lions et renards, Dalila, Adrienne Lecouvreur, Andromaque, Marion Delorme,* etc.

J'ai cité, à peu près en son entier, la nomenclature des pièces qui composent le répertoire moderne de M{*lle*} Favart. Cette remarquable artiste est devenue, en peu d'années, l'une des premières comédiennes du Théâtre-Français ; elle a montré dans la composition de certains rôles, notamment ceux de *Paul Forestier,* du *Supplice d'une femme,* de *Julie,* des *Faux ménages,* etc., une violence de passion, toujours contenue dans une juste mesure, qui l'ont parfois rapprochée des plus grands interprètes de l'art dramatique. Elle a repris, avec un égal bonheur, dans la tragédie et dans le drame divers rôles où avait excellé Mlle Rachel, et elle a pu, sans en être écrasée, supporter une comparaison que la possibilité même de l'établir rendait déjà des plus honorables pour elle.

Mme ÉMILIE GUYON

Mme Émilie Guyon a été, pendant de longues années, la reine des grands drames de la Porte-Saint-Martin et de l'Ambigu, où elle a obtenu les plus beaux et les plus incontestables triomphes de sa carrière dramatique. En 1841, le 7 juin, elle a débuté d'abord à la Comédie-Française, après quelques succès à la Renaissance. Elle y joua *Hernani*, *Vallia*, la *Fille du Cid*, le *Dernier Marquis*, et aborda aussi divers personnages de la tragédie classique. Ce premier séjour dura deux ans. Pendant dix ans, de 1843 à 1853, Mlle Guyon, devenue Mme Guyon, par son mariage avec le sociétaire de ce nom, fit les beaux jours — ou plutôt les belles, les admirables soirées — du théâtre de l'Ambigu. En 1854, l'éminente artiste passa à la Porte-Saint-Martin, où toute la génération actuelle se la rappelle dans le *Fils de la Nuit*.

C'est le 1er octobre 1858 que Mme Guyon fut rappelée à la Comédie-Française avec le titre et les avantages de sociétaire. Elle y rentra le 25 février 1859 dans *Rodogune* et *Par droit de Conquête*.

La mort de Rachel laissait libres les grands rôles tragiques que Mme Guyon reprit en partie, et notamment dans *Britannicus*, *Mérope*, *Cinna*, *Athalie*, etc. Elle s'est également fait applaudir dans la comédie par certains rôles marqués, tels que ceux de la marquise du *Philosophe sans le savoir*, d'Arsinoé du *Misanthrope*, de Mme Murer d'*Eugénie*, Mme Désaubier de la *Joie fait peur*, Philaminte des *Femmes savantes*, Mme Argante de la *Mère confidente*, etc.

Mme Guyon a une haute physionomie, les grands airs, la noblesse et la distinction d'une reine de théâtre; il est à regretter pour elle que le répertoire de la Comédie-Française ne se prête pas à un développement suffisant des qualités spéciales qui ont fait ses immenses succès sur les scènes du boulevard.

Mlle JOUASSAIN

Mlle Jouassain s'est résignée, toute jeune encore, à l'emploi des rôles marqués et des duègnes. En sortant du Conservatoire, elle a débuté d'abord à l'Odéon, puis presque aussitôt à la Comédie-Française, le 17 décembre 1851, par le rôle de Céphise dans *Andromaque*; le 18 janvier 1852, elle jouait Arsinoé du *Misanthrope,* puis elle se montrait successivement dans l'*Épreuve nouvelle* (Mme Argante), les *Femmes savantes* (Philaminte), le *Mariage de Figaro* (Marceline), les *Plaideurs* (la comtesse), *Adrienne Lecouvreur* (la marquise), *Tartufe* (Mme Pernelle). On l'a vue aussi dans le *Cœur et la dot*, le *Voyage à Dieppe*, le *Fils*, le *Jeune mari*, *Par droit de Conquête, Dolorès, Jean Baudry, Lions et Renards*, la *Maison de Penarvan, Fantasio, Hernani*, etc... La gaieté, la verve et aussi la mesure, le tout uni à un grand naturel, caractérisent le talent de Mlle Jouassain, l'une des plus consciencieuses et des plus utiles comédiennes du Théâtre-Français. Le 1er janvier 1863, elle était créée sociétaire.

Mlle RIQUER

Mlle Riquer a obtenu au Conservatoire, en 1850, un accessit d'opéra comique, ce qui ne l'a pas empêchée de débuter avec succès au Gymnase (6 novembre 1850), où elle est restée pendant cinq années. Une physionomie charmante, une grande vivacité d'expression, beaucoup de goût et d'esprit dans sa tenue et dans son jeu, destinaient tout naturellement cette belle personne à la Comédie-Française, où elle a débuté avec un succès très-flatteur dans le rôle d'Henriette des *Femmes savantes* (25 mai 1856). En dehors des personnages du répertoire classique dont Mlle Riquer a repris les principaux, nous citerons sa remarquable création de Mme Talien dans le *Lion amoureux*, de Ponsard, et la reprise, par elle, de *Mademoiselle de Belle-Isle*, où elle a joué avec beaucoup de succès le rôle de Mme de Pric. Mlle Édile Riquer a été admise aux honneurs du sociétariat en 1864.

Mme PROVOST-PONSIN

Mme Provost-Ponsin a débuté à la Comédie-Française, toute fraîche éclose du Conservatoire, le 24 août 1860, dans l'une des meilleures créations de Mlle Mars, Hortense de l'*Ecole des Vieillards*. Elle a paru ensuite dans je ne sais combien de rôles des deux répertoires, mais surtout dans le répertoire moderne, le *Legs*, *Une Tempête dans un verre d'eau*, les *Deux veuves*, *Un Mariage sous Louis XV*, etc.

Mme Provost-Ponsin a fait aussi quelques heureuses créations : Cypris dans la *Pomme*, Nicole dans *Gringoire*, et surtout Mme de Larcey dans le *Supplice d'une femme*, où elle a pu montrer ses meilleures qualités, la verve, la gaieté, dans le caquetage vide et inutile si parfaitement étudié des grandes coquettes. On l'a trouvée bien charmante aussi dans le petit rôle de Cérès du *Lion amoureux,* où elle était si accorte, si vive, si naturelle sous son costume bariolé de la première république. Enfin, le 15 février dernier, elle reprenait très-allègrement le rôle de Mme de Vaubert dans *Mademoiselle de la Seiglière.*

Mme Provost-Ponsin, qui a épousé le fils de l'illustre sociétaire Provost, est devenue elle-même sociétaire le 1er janvier 1867.

Mlle DINAH FÉLIX.

Mlle Dinah Félix chasse de race. C'est la plus piquante soubrette du répertoire, la véritable « impertinente et forte en gueule » de Molière; vive, accorte, brillante de verve, d'allure, et de la tenue la plus conforme à la tradition classique. Elle a débuté, il y a déjà vingt-cinq ans, dans les rôles d'enfant à la Comédie-Française, alors que sa grande sœur y régnait en souveraine maîtresse. Elle se produisit plus tard, sur les théâtres du Gymnase, de la Gaîté, de l'Odéon et enfin du Vaudeville, où sa création de Séraphine des *Lionnes pauvres* la mit tout à fait en évidence. Le 23 juin 1862, elle rentra définitivement à la Comédie-Française dans Lisette des *Jeux de l'amour et du hasard*, et dans le personnage du même nom des *Folies amoureuses;* le 28, elle jouait Toinette du *Malade imaginaire*, et le 12 juillet, Dorine de *Tartufe*. Elle a surtout excellé dans ces divers rôles auxquels elle a donné toute la gaieté et tout l'entrain qui animent sa petite personne.

Mlle Dinah Félix est sociétaire depuis 1868.

Mlle REICHEMBERG

Je tiens Mlle Reichemberg pour la plus parfaite et la plus complète des ingénues de la Comédie-Française. Elle a la tenue chaste, le regard honnête, le sourire pur et charmant de l'emploi; elle est blonde, n'est pas régulièrement jolie, mais toute sa personne respire ce je ne sais quoi tout plein d'innocence et de candeur qui enchante. « C'est une fleur, un sourire, un printemps, » disait d'elle Théophile Gautier après sa création des *Faux ménages* (7 janvier 1869).

C'est le 14 décembre 1868 que Mlle Reichemberg a paru pour la première fois sur la scène du Théâtre-Français dans le rôle d'Agnès de l'*Ecole des Femmes*, pour lequel elle semblait spécialement créée. Elle y eut un grand succès, qu'elle retrouva dans le rôle de Cécile d'*Il ne faut jurer de rien*, le 26 février suivant. Dans les quelques pièces anciennes et nouvelles où elle a paru, Mlle Reichemberg a déployé toutes les grâces juvéniles les plus complètes de l'ingénue, et la Comédie-Française, qui l'a proclamée si rapidement sociétaire (9 janvier 1872), n'a fait, en cette occasion, que se conformer au sentiment public.

Mlle CROIZETTE

Mlle Sophie Croizette est la dernière nommée parmi les dames sociétaires de la

Comédie-Française (11 janvier 1873) (1). Elle nous vient en droite ligne de Saint-Pétersbourg, où sa mère était première danseuse au Théâtre-National, mais c'est en France qu'elle a été élevée. Par son éducation, son esprit, son genre de beauté qui n'a rien de régulier ni de classique, mais qui est la séduction même, Mlle Croizette est essentiellement, dans l'acception aujourd'hui vulgarisée du mot, ce qu'on appelle une Parisienne. Tout en elle est étrange et original : elle n'est pas belle comme tout le monde ; elle a une physionomie enchanteresse et un regard d'une étonnante mobilité où se mêlent à la fois la candide douceur et l'ironie sanglante ; le son de sa voix est tour à tour caressant ou altier, elle est en même temps adorable et terrible ; c'est une syrène !...

Elle est entrée au Conservatoire en 1867, dans la classe de M. Bressant ; elle obtenait le premier prix de comédie en 1869 et elle débutait enfin au Théâtre-Français le 7 janvier 1870, dans le rôle de la reine Anne du *Verre d'eau*. Depuis ce jour, Mlle Croizette a abordé, à la Comédie-Française, les personnages les plus di-

(1) Le même jour que cette sympathique Marie Royer si prématurément enlevée à la Comédie-Française le 21 juin 1873, à l'âge de 32 ans.

vers de l'ancien et du nouveau répertoire. On l'a vue successivement dans Célimène du *Misanthrope*, dans Rosine du *Barbier* et dans Suzanne de *la Folle journée* ; elle a joué Mathilde du *Caprice*, Marthe de *Dalila*, Mlle de Prie de *Mademoiselle de Belle-Isle*. Elle a créé des rôles importants dans *Nany*, de Meilhac ; la *Part du Roi*, de Catulle Mendès ; l'*Acrobate*, d'Octave Feuillet ; l'*Été de la Saint-Martin*, de Meilhac et Halévy, et enfin elle a sauvé d'un naufrage menaçant *Jean de Thommeray*, d'Augier et de Sandeau, et assuré au *Sphinx*, d'Octave Feuillet, un succès de vogue qui n'est pas encore épuisé.

Ces deux dernières créations ont donné à Mlle Croizette une notoriété bruyante qu'elle porte on ne peut plus vaillamment. Le personnage de Baronnette, dans *Jean de Thommeray*, a été créé par elle avec une désinvolture et une impertinence qui ont encore mieux fait ressortir la physionomie toute spéciale du type hardi et léger qu'elle inaugurait sur notre première scène.

Dans *le Sphinx*, on a reproché à Mlle Croizette un excès de réalisme qui nous eût semblé, en effet, mieux à sa place au boulevard Saint-Martin qu'à la Comédie-Française. Toutefois, et cette réserve faite, la mort de la comtesse de Chelles, ainsi qu'elle l'a réalisée, demeure un chef-d'œuvre d'étude, de volonté et surtout d'assimilation, répugnante, si l'on veut, mais qui révèle chez son interprète un caractère, un talent et une originalité, peut-être un peu excentrique, et qui, à coup sûr, ne sont pas ceux de la première comédienne venue.

Ajoutons, comme renseignement, que Mlle Croizette est la belle-sœur du peintre Carolus Duran, le même qui nous a présenté, au Salon de 1872, le portrait de celle qui fut depuis Baronnette, en costume d'amazone, sur un cheval colossal, seule au bord de la mer, en contemplation devant l'immensité, rêvant peut-être déjà, dans cette tenue et cette situation non moins étranges qu'elle, à ce personnage singulier de la comtesse de Chelles, qui a fait de son interprète, pour un moment, la lionne du jour à Paris.

M. CHÉRY

M. Jean-Jules Chéry a débuté à la Comédie-Française le 1er juin 1846, après trois ans d'essais dramatiques dans la banlieue de Paris, d'études au Conservatoire, et d'un court passage à l'Odéon où il a joué dans *Tartufe* et dans *Andromaque*, sous le pseudonyme d'*Etienne*. M. Chéry est élève de Beauvallet, et joue les pères nobles de la tragédie classique ou de la comédie bourgeoise. Il a été le confident, le camarade, l'ami de Mlle Rachel, qu'il a suivie dans toutes ses excursions en France ou à l'étranger. Il a été notamment de ce fameux et décevant voyage en Amérique où Mlle Rachel prit le germe de la maladie qui l'a emportée. C'est un artiste de beaucoup de conscience, de modestie et qui a une grande habitude de la scène, du répertoire et des traditions; son talent se prête à tous les genres et à tous les rôles et il n'est déplacé dans aucun.

M. BARRÉ

Je ne sais sur combien de théâtres M. Barré a fait son apprentissage dramatique avant d'arriver à l'Odéon, puis à la

Comédie-Française. Né à Paris au mois d'avril 1819, M. Léopold Barré a d'abord fait ses études au séminaire. En 1839, voyant que sa vocation pour l'Église n'était pas irrésistible, il quitta la soutane et s'en vint jouer la comédie sur les petites scènes de la banlieue. Nous pourrions le suivre depuis cette époque, sur les théâtres du Panthéon, de l'Odéon, de Saint-Germain, le Théâtre-Historique, les Folies-Dramatiques, la Porte-Saint-Martin, et enfin une seconde fois l'Odéon, où il joue, de 1852 à 1858, tout le répertoire classique et fait quelques heureuses créations, notamment dans *François le Champi,* de Mme Sand.

M. Barré débute enfin à la Comédie-Française, le 21 juin 1858, dans le rôle de Pierrot, de *Don Juan*, et le 25 dans *Georges Dandin*. Sa bonhomie, sa rondeur, son naturel, ont fait à M. Barré une situation des plus honorables au théâtre; c'est un comédien d'une grande conscience, très-travailleur, ne trouvant jamais de rôles au-dessous de son talent et les interprétant tous avec le même soin si minimes et si peu importants qu'ils puissent paraître. Cet excellent acteur s'est montré rue de Richelieu, dans la plupart des pièces du répertoire ancien et moderne où jouait le regretté Provost, et, s'il n'est point parvenu à faire oublier cet éminent artiste, il l'a du moins remplacé avec assez de talent pour qu'on ait pu les lui laisser reprendre presque toutes.

M. GARRAUD

Après avoir longtemps parcouru le monde (1), M. Eugène Garraud a débuté à la Comédie-Française, à l'âge de 28 ans, le 18 novembre 1858, dans Éraste, du *Dépit amoureux*. L'année suivante il faisait sa première création dans *Souvent homme varie* (2 mai), et depuis il a repris successivement la plupart des rôles de son emploi, dans l'ancien et même dans le nouveau répertoire.

M. Garraud est un comédien conscien-

---

(1) M. Garraud a successivement joué la comédie au Mans, au Hâvre, à Reims et à Versailles. Après le départ de Bressant pour la Comédie-Française, M. Garraud a repris au Gymnase, pour ses débuts à Paris, son rôle dans le *Fils de famille* (1854).

cieux, toujours sur la brèche, et qui a repris, souvent avec bonheur, les rôles de M. Delaunay, et ceux de M. Leroux. C'est un des plus utiles pensionnaires de la Comédie-Française.

M. PRUD'HON

Qui se douterait en voyant M. Prud'hon, si élégant, d'une si bonne tenue à la scène, d'une prestance aussi agréable, que ce comédien distingué a d'abord été garçon de café chez son père, qui tenait la buvette du petit théâtre de la rue de la Tour-d'Auvergne?... C'est là que M. Prud'hon a fait ses premières armes.

Elève de la classe de M. Regnier, au Conservatoire, M. Prud'hon a débuté à la Comédie-Française, le 2 septembre 1865 dans le rôle de Dorante, de la *Métromanie*. Il a joué ensuite la tragédie dans la reprise d'*Atrée et Thyeste* (11 août 1866), dans *Alexandre* (21 décembre 1866), dans *Médée* (15 juin 1868), dans *Agamemnon*

(27 juin 1868), dans *Andromaque* (10 septembre 1869). Il a créé des rôles dans les *Faux Ménages* (7 janvier 1869), la *Parvenue* (30 août 1869), et repris Dorante, des *Jeux de l'amour et du hasard* (14 août 1869). M. Prud'hon a été surtout très-particulièrement remarqué dans sa création du docteur Solem, de *Christiane* (20 décembre 1871), qu'il a composée avec beaucoup d'originalité.

M. BOUCHER

M. Boucher est l'un des élèves les plus remarquables que M. Regnier ait donnés, en ces derniers temps à la Comédie-Française. C'est un acteur distingué, d'une excellente tournure, très-élégant à la scène et dont la diction a beaucoup de charme et de pureté. Il a débuté, sur le théâtre de la rue de Richelieu, le 7 septembre 1866 par Damis, de *Tartufe*. Le 15, il jouait Éraste, du *Dépit amoureux*. Le 8 février 1867, il a repris avec beaucoup de succès le rôle d'Horace dans l'*Aventurière*, et crée ensuite de petits rôles dans *Madame Desroches* (18 décembre 1867), et dans le *Coq de Mycille* (27 mai 1868). Il s'est montré charmant dans la jolie bluette *Au Printemps* (10 juillet 1869), et très-chaleureux dans *Phèdre* où il a abordé le difficile personnage d'Hippolyte (2 septembre 1869). Le jour même des débuts de Mlle Croizette dans la Reine, du *Verre d'Eau*, M. Boucher lui donnait la réplique en jouant à ses côtés, avec beaucoup de grâce, le personnage de Masham (7 janvier 1870). Enfin, il a repris dans le *Bonhomme jadis, la Joie fait peur* et le *Lion amoureux*, les rôles de son emploi qu'avait créés M. Delaunay, et joué des rôles nouveaux dans *Maurice de Saxe* et dans les *Enfants*.

M. Boucher, s'il veut s'en donner la peine, est certainement celui des artistes actuels de la Comédie-Française à qui est dévolue — en expectative — la succession directe de M. Delaunay.

M. KIME

Ancien acteur des Variétés, où il jouait sous le pseudonyme d'Apline (1828), puis en dernier lieu de l'Odéon (5 septembre 1852), où il a repris les principaux rôles de l'ancien répertoire et fait quelques importantes créations, M. Kime (Louis-Alphonse), a débuté à la Comédie-Française le 6 octobre 1867 par le rôle de Mercier, qu'il avait créé à l'Odéon dans l'*Honneur et l'argent*. Il a repris successivement la plupart des rôles de Provost et de Barré dans l'ancien répertoire et a été particulièrement remarqué dans celui de Chicaneau, des *Plaideurs*, qu'il a joué avec beaucoup de verve et d'originalité (22 juin 1868). Lors de la reprise, à la Comédie-Française, du fameux *Testament de César Girodot*, émigré de l'Odéon (26 juin 1873), M. Kime a retrouvé son grand succès d'autrefois dans le rôle d'Isidore, qu'il joue avec une verve comique et mordante qui ne tombe jamais dans la charge.

M. COQUELIN (CADET)

M. Ernest Coquelin, dit Coquelin cadet (1), est né à Boulogne-sur-Mer en 1848. Comme son frère, il a tâté, lui aussi, du tablier de pâtissier avant de songer à devenir comédien (2). Il a obtenu, en 1866, un premier accessit au Conservatoire, et enfin le premier prix de comédie, en 1867, avec les scènes de Sosie, d'*Amphitryon*, où il a révélé de véritables qualités de naturel et de finesse.

Je ne le suivrai pas à l'Odéon, où il débute, en août 1867, dans l'*Anglais ou le Fou raisonnable*, et où il a joué aussi bon nombre de rôles de l'ancien répertoire. J'arrive aux débuts de M. Coquelin cadet

---

(1) Il n'est Cadet qu'au théâtre. Son frère Gustave, — qu'entre amis nous n'appelons que *Wasa*, et qui n'a jamais eu de velléités dramatiques — est le véritable cadet. Ernest n'est que le troisième des Coquelin.

(2) Le père des Coquelin était boulanger-pâtissier à Boulogne-sur-Mer.

à la Comédie-Française. Ils ont eu lieu le 10 juin 1868 dans Petit-Jean, des *Plaideurs*. Le 12 juin il remplissait un rôle qui n'était guère dans ses cordes, Basile, du *Barbier de Séville*, et enfin le 21 du même mois il se montrait dans Trissotin, des *Femmes savantes*. M. Coquelin a su se faire, dès l'abord, une position très-avantageuse à la Comédie-Française : il a de la verve, beaucoup d'intelligence, un masque excellent, et une grande habileté dans l'art si difficile de se grimer. Il sait, comme on dit vulgairement « entrer jusqu'au bout dans la peau du bonhomme », et il a joué tout de suite, à la satisfaction du public, Scapin, Mascarille et l'Intimé.

C'est seulement après le siége de Paris, pendant lequel M. Coquelin a reçu la médaille militaire pour ses services dans la garde mobile, que cet amusant comédien a abordé les rôles les plus importants de son emploi, dans le *Légataire universel*, les *Jeux de l'amour et du hasard*, le *Médecin malgré lui*, les *Précieuses ridicules*, les *Folies amoureuses*, le *Testament de César Girodot*, et tout récemment le *Sphinx*, où M. Coquelin cadet a su faire une création justement remarquée d'un petit personnage qui n'est qu'épisodique.

Je noterai, tout à fait à part, les prises de possession, par M. Coquelin cadet, des rôles de Figaro, dans *la Folle journée* (1ᵉʳ juin 1871), et d'Annibal, dans l'*Aventurière* (13 juin 1871). Ces deux reprises, qui ont montré sous leur meilleur jour la souplesse et la force croissante (1) du talent de Coquelin cadet, compteront en premier rang et à la première page de ses états de services, lorsqu'il sera question — prochainement, nous l'espérons bien — de l'admettre aux honneurs si enviés du sociétariat.

M. CHARPENTIER

Lauréat du Conservatoire, M. Charpentier a débuté à la Comédie-Française par les rôles les plus importants du drame et de la tragédie. Le 3 avril 1870, il reprenait, pour son premier début, le rôle de Delaunay, dans *Hernani*; le 12 mai, il jouait Hippolyte, dans *Phèdre*; le 23 mai,

(1) « Il devient, a dit de lui Monselet à propos de l'*Aventurière*, l'émule grandissant de son frère. »

il abordait le personnage de Britannicus, dans la tragédie de Racine, et enfin le 6 juin, jour du 264e anniversaire de la naissance de Corneille, il paraissait sous les traits de Sévère, dans *Polyeucte*. M. Charpentier a depuis repris successivement et avec avantage la plupart des autres rôles de son emploi, dans l'ancien répertoire.

M. LAROCHE

M. Laroche, lauréat du Conservatoire, a débuté le 13 août 1861 dans le rôle de Valère de *Tartufe*. Sa création du rôle du comte d'Outreville, dans le *Fils de Giboyer*, lui a valu d'unanimes éloges (1er décembre 1862). Cependant, M. Laroche n'a fait qu'un premier séjour assez court à la Comédie-Française et il est allé jouer au Vaudeville, à l'Odéon et même à la Gaîté, avant de reparaître sur notre première scène où ses nouveaux débuts ont eu lieu le 23 mai 1870, dans le rôle de Néron de *Britannicus*. M. Laroche s'est montré alors assez souvent dans la tragédie et il a joué successivement *Cinna* (25 septembre 1871) et Pyrrhus dans *Andromaque* (4 juillet 1872). Le 1er mai 1872, il a repris, dans le *Supplice d'une femme*, le rôle d'Alvarez, créé par Lafontaine; il a créé un rôle important dans les *Enfants*, (20 septembre 1872) et joué Alceste du *Misanthrope* le 17 août de cette même année. C'est un artiste élégant, d'une irréprochable tenue et qui peut rendre de grands services à la Comédie-Française par la facilité avec laquelle il sait aborder les personnages les plus divers.

M. JOUMARD

Elève de la classe de M. Regnier, au Conservatoire, M. Joumard a débuté à la Comédie-Française le 1er juillet 1871 dans le petit rôle d'Eraste du *Dépit amoureux*; il a joué ensuite Oronte puis Damis de *Tartufe*, le tout sans grand apprêt ni grand éclat. M. Joumard ne s'est révélé à nous que le 26 juin 1873, lors de la reprise du *Testament de César Girodot*, où le rôle de Célestin, qu'il interpréta avec beaucoup de verve et de fantaisie, lui a créé une sorte de spécialité à la Comédie-Française, celle des gandins jeunes et vieux. En effet, dans *Jean de Thommeray*, M. Joumard nous a encore présenté une sorte de Célestin vieilli avant l'âge, personnage un peu chargé peut-être, mais auquel il a donné une véritable originalité. La question pour cet artiste, mis ainsi en évidence, est aujourd'hui de se tenir dans la mesure qui convient à notre première scène et d'éviter d'exagérer encore le caractère des personnages de ce genre qu'on pourra lui donner à interpréter.

M. PIERRE BERTON

M. Pierre Berton est le fils du regretté Francisque Berton et il est, par sa mère, Madame Caroline Berton, le petit-fils de l'illustre comédien Samson. Il a joué successivement les amoureux au Gymnase et à l'Odéon avant d'arriver à la Comédie-Française ; au Gymnase où il a créé des rôles importants dans *Nos bons villageois*, les *Idées de Madame Aubray*, le *Comte Jacques*, *Séraphine*, etc., à l'Odéon où il a débuté, le 18 septembre 1869, et créé divers rôles, surtout dans le *Bâtard* et dans l'*Autre*. Mais c'est particulièrement dans le répertoire classique que M. Berton a brillé sur le second Théâtre-Français, dans Almaviva du *Barbier de Séville* et Valère de *Tartufe*.

Le 1ᵉʳ juillet 1873, M. Berton a débuté à la Comédie-Française dans un petit rôle un peu effacé de l'*Eté de la Saint-Martin* et le 6 septembre suivant il abordait, dans le *Gendre de M. Poirier,* le difficile personnage de Gaston de Presles, si heureusement créé jadis, par son père, au Gymnase, et repris depuis, rue de Richelieu, par M. Bressant.

M. Berton est élégant, distingué, d'une physionomie agréable ; son regard est plein de douceur ; il a, en un mot, toutes les qualités physiques du jeune premier. Il lui appartient de perfectionner sur notre première scène, où la sympathie publique l'a suivie, un talent déjà réel, mais qui ne peut que grandir et se compléter au contact des excellents comédiens qui sont devenus ses camarades. M. Berton a de l'énergie, de la volonté et une intelligence artistique supérieurement développée ; il est à la fois peintre et poëte, il a fait représenter quelques jolies pièces dont l'une, *les Jurons de Cadillac*, a été jouée et se joue encore partout. Il tient donc dans ses mains les sources les plus pures de la fortune, et nous voulons croire qu'il saura l'obliger à lui demeurer toujours serviable et fidèle.

M. JOLIET

M. Joliet — qui par parenthèse a un fort joli talent comme graveur sur bois — est une récente recrue de la jeune troupe du Théâtre-Français où il a débuté, le 17 décembre 1872, dans le rôle de Pancrace du *Mariage forcé*. Il a paru ensuite avec avantage dans les *Plaideurs*, où il a successivement joué les personnages de l'Intimé (18 janvier 1873) et de Petit-Jean (22 octobre suivant). Je ne veux pas oublier, à l'actif de M. Joliet, le rôle muet de l'avocat dans la comédie de Paul Ferrier, *chez l'Avocat*, où il n'avait à exhiber qu'une courte pantomime qu'il a su rendre très-amusante.

M. DUPONT-VERNON

M. Dupont-Vernon est un élève du Conservatoire que nous avons remarqué, pour la première fois à la Comédie-Française, le 28 avril 1872, dans le rôle de Laffémas de *Marion de Lorme*, qu'il a joué à l'improviste, et non sans habileté, pendant une absence de M. Febvre. Le 21 août suivant, il jouait Philinte du *Misanthrope*. M. Dupont-Vernon avait d'abord essayé son talent de comédien aux matinées dramatiques de M. Ballande dans divers rôles de l'ancien répertoire.

M. MARTEL

Ancien directeur de troupes de province, acteur à l'Odéon, puis aux matinées de

M. Ballande, M. Martel a débuté à la Comédie-Française le 3 octobre 1872 dans *le Cid,* où il a joué Don Gormas.

Il a repris, le 12 mai 1874, dans la jolie fantaisie poétique de M. Denayrouse, *la belle Paule*, le rôle qu'il avait créé dans cette pièce lors de sa première représentation à la Gaîté.

M. Martel a une grande expérience dramatique ; comme son camarade M. Talbot, il a un cours de déclamation, et il prépare aussi pour la scène les comédiens de l'avenir.

Mlle Léa Martel, qui joue les petits enfants à la Comédie, est la fille et l'élève de cet artiste distingué.

M. ROGER

A fait ses premières armes à l'Odéon. Les débuts de M. Roger, qui promettent un bon valet de comédie, ont eu lieu au Théâtre-Français le 6 novembre 1873 dans le personnage de Gros-René du *Dépit amoureux.*

Mme ARNOULD-PLESSY

Mme Arnould-Plessy a été l'héritière directe de Mlle Mars à la Comédie-Française. Lors de ses débuts, le 10 mars 1834, dans la *Fille d'honneur*, elle a subjugué et charmé les plus difficiles habitués du théâtre. Deux ans après, elle était proclamée sociétaire et elle paraissait successivement dans les reprises les plus importantes et dans la plupart des créations nouvelles. Son double succès de beauté et de talent fut considérable et sans atténuation pendant les onze années qu'elle demeura à la Comédie-Française.

Un beau jour, hélas ! le 12 juin 1845, Mlle Plessy quitte subrepticement le Théâtre-Français et va charmer les boyards de Saint-Pétersbourg, sans avoir prévenu ni ses camarades, ni son directeur. Elle épouse en même temps un homme de lettres, M. Arnould, qui est mort il y a déjà vingt ans. La Comédie lui fit un procès, la fit condamner à une forte indemnité et lui ferma les portes de sa Société.

L'illustre enfant prodigue ne reparut à la Comédie-Française que pour une seule soirée, en 1853; le 12 avril elle voulut concourir à la représentation de retraite de son maître, M. Samson, et elle joua, ce jour-là, en son honneur, Araminte dans les *Fausses Confidences*. Sa rentrée définitive eut lieu le 17 septembre 1855 dans Elmire de *Tartufe* et la *Ligne droite*, proverbe de M. Marc Monnier. Depuis cette époque, Mme Plessy appartient à la Comédie-Française, mais seulement à titre de pensionnaire, et dans des conditions tout à fait spéciales et dignes de sa haute position dramatique. Elle a repris divers grands rôles du répertoire : dans *Lady Tartufe*, le rôle créé par Rachel ; dans *Chatterton*, celui de Kitty Bell ; elle a joué l'*Aventurière* avec une puissance de talent considérable, créé *Henriette Maréchal*, le *Fils de Giboyer*, *Maître Guérin*, brillé par le charme le plus séduisant dans les petits proverbes de salon de Musset et de ses imitateurs, et enfin montré, dans *Nany*, pièce de M. Meilhac, qui n'a eu qu'un demi-succès, une habileté et une force de composition incomparables.

Mme Plessy est l'une des plus parfaites comédiennes de notre temps; elle est de l'illustre école de Mlle Mars et de Samson ; elle n'ignore aucun des secrets multiples de son art; elle a une suprême élégance, beaucoup de finesse et de grâce et cette hauteur magnifique des grandes coquettes dont Célimène demeurera toujours l'éternel écueil et l'éternel exemple. Dans *Nany*, où elle abordait un rôle de paysanne parvenue, si en dehors de ceux qu'elle avait joués jusqu'alors, elle a montré sous un nouveau jour la souplesse et la vigueur de son talent, et si la pièce n'a point réussi, on peut dire que sa principale interprète y a obtenu, au contraire, son plus beau, son plus complet et son plus légitime succès.

Mme EMMA FLEURY

Mme Marguerite-Emma Fleury est élève de Regnier. Avant d'entrer à la Comédie-Française, elle a successivement joué la comédie et le vaudeville à l'Ecole lyrique, où elle a fait ses premiers débuts le 18 décembre 1852; à Londres, en Hollande, dans une excursion dramatique avec Regnier, à l'Odéon et enfin au Gymnase.

Le 13 mai 1856, Mme Emma Fleury a débuté, à la Comédie-Française dans l'emploi des ingénues, par le rôle d'Angélique de l'*Épreuve*. Elle y a très-vivement réussi. Depuis, Mme Fleury a joué beaucoup de rôles de l'ancien répertoire et fait un certain nombre de créations qui ont confirmé les heureuses espérances qu'avaient données ses débuts : les *Pauvres d'esprit*, le *Fruit défendu*, le *Luxe*, l'*Africain*, etc... Elle a repris avec une jeunesse et une vivacité charmantes le joli rôle de la jeune fille créé par Emilie Dubois dans la *Joie fait peur*. Mais il faut citer tout à fait à part, à l'honneur de Mme Fleury, deux créations où elle a su montrer le talent à la fois le plus fin, le plus ému et le plus distingué. Je veux parler d'abord de la pièce de Théodore Barrière, le *Feu au couvent*, où Mme Fleury jouait le rôle d'une jeune pensionnaire mise en liberté inattendue, avec tant de gaieté, d'espièglerie et de naturel et qui est, dans ce genre, demeuré sa meilleure création (13 mars 1860). Une seconde création, plus complète encore, parce qu'elle exigeait des qualités plus diverses, vint ajouter, deux années après, à la réputation de Mme Fleury, lors de la représentation de *On ne badine pas avec l'amour*, où elle interpréta avec tant de charme et de grâce ce personnage si fin, si vaporeux, si poétique de la petite paysanne Rosette (18 novembre 1861).

Il est à regretter qu'après tant d'années d'utiles services et des créations de cette importance, dont la presse et le public ont si unanimement confirmé le succès, Mme Fleury n'ait pas encore été admise au sociétariat.

Mme Emma Fleury a épousé le sculpteur Jules Franceschi.

Mme PAULINE GRANGER

Mme Pauline Granger a plus d'un mérite ; elle est bonne musicienne, elle a passé des examens qui lui permettraient au besoin d'être institutrice, et elle joue la comédie avec beaucoup de finesse et d'entrain. C'est une des meilleures servantes de Molière qui soient à la Comédie-Française, l'une de celles qui lancent le mot et la répartie avec le plus de verve et de vérité.

Entrée à l'Odéon en 1853, Mlle Granger y a joué toutes les Dorine et toutes les Lisette du répertoire. Le 4 août 1856, elle a débuté une première fois à la Comédie-Française dans *Tartufe* et les *Jeux de l'amour et du hasard*. Elle n'y a fait alors qu'un court séjour, et elle y est rentrée définitivement le 13 août 1861. Elle a repris, avec succès, depuis cette époque, la plupart des rôles de son emploi.

Mme Granger a épousé son ancien camarade, M. Métrême, qui a également joué les jeunes premiers à la Comédie-Française et à l'Odéon.

Mlle LLOYD

Mlle Lloyd est une belle personne qui se montre fort distinguée dans les rôles de grande coquette par le plus illustre desquels elle a d'ailleurs débuté à la Comédie-Française, où elle a paru, pour la première fois, le 23 janvier 1863, sous les traits de Célimène. Elle sortait du Conservatoire et elle n'a pas, depuis ce jour, quitté notre premier théâtre. Les *Folies amoureuses*, le *Barbier de Séville*, le *Dépit amoureux*, etc., tout l'ancien répertoire et un certain nombre de reprises dans le nouveau, ont fait à Mlle Lloyd une position très-honorable à la Comédie-Française. Je citerai, tout à fait à part, sa charmante prise de possession du rôle de Chérubin dans le *Mariage de Figaro* (4 mars 1869) et une excursion récente dans le grand répertoire tragique par le personnage d'Andromaque, dans la tragédie de Racine (23 avril 1874).

Mlle THOLER

Mlle Gabrielle Tholer est née à Faulquemont (Lorraine), près Metz, en l'année 1851. Entrée au Conservatoire à onze ans, elle y a d'abord suivi les classes de musique et elle a obtenu deux premières médailles, l'une pour le solfége, l'autre pour le piano. En 1868, Mlle Tholer est devenue élève de la classe de M. Regnier. Cette même année elle a mérité un deuxième prix de comédie au concours général. Le 4 mai 1869, elle débutait au Théâtre-Français dans un rôle épisodique de *Julie*, drame de M. Octave Feuillet, et elle a paru depuis, avec succès, dans divers rôles de l'ancien répertoire. Elle a été charmante dans la dernière reprise de la *Ciguë*, où lui est échu le personnage d'Hippolyte (27 janvier 1874).

Mlle Tholer a de la distinction et de la tenue, et surtout beaucoup de jeunesse, ce qui lui permet d'attendre encore les rôles importants qu'on lui confiera sans doute un jour. Nous devons signaler à part la remarquable création que cette jolie et intelligente comédienne a faite dans les *Deux Reines*, tragédie lyrique de M. Legouvé, représentée exceptionnellement au théâtre Ventadour (salle des Italiens) en 1872.

Mlle ROUSSEIL

Mlle Rousseil n'est arrivée à la Comédie-Française qu'après avoir passé par le Vaudeville, l'Ambigu, où elle a joué *Maxwell* de Jules Barbier, et *l'Article 47* de Belot, qui est demeuré son plus grand succès au boulevard; et enfin la Porte-Saint-Martin où elle a repris, en août 1869, le rôle de Dolorès créé par Mlle Fargueil dans *Patrie*, de Sardou. Elle avait d'abord créé à ce dernier théâtre le personnage de Jacqueline dans le drame de Paul Meurice et George Sand *Cadio* (Octobre 1868).

C'est dans la tragédie, et par l'un des meilleurs rôles de Rachel, que Mlle Rousseil a débuté à la Comédie-Française, où elle a paru pour la première fois le 4 juillet 1872, sous les traits d'Hermione, dans l'*Andromaque* de Racine.

Elle y obtint moins de succès que son camarade Mounet-Sully qui débutait, à ses côtés, par le personnage d'Oreste; mais elle prit une sérieuse revanche, le 3 octobre suivant, dans le *Cid*, où elle joua Chimène avec un emportement superbe et une ampleur de gestes et de diction tout à fait remarquables.

On vit alors — fait qui ne s'était guère produit depuis la mort de Rachel — la tragédie faire des recettes à la Comédie-Française où le public vint en foule applaudir Mlle Rousseil. La jeune artiste, encouragée par ce chaleureux accueil, voulut tenter une grosse partie : elle joua *Phèdre* le 17 septembre 1873, mais elle n'obtint qu'un demi-succès, dans ce terrible rôle, où elle luttait contre de trop puissants souvenirs. En somme le grand talent dont elle a fait preuve, dans son interprétation du *Cid*, mérite d'assurer sa situation définitive à la Comédie-Française.

Mlle MARTIN

Mlle Martin a débuté au Théâtre-Français le 3 septembre 1871 dans l'un des rôles les plus applaudis de Mlle Mars, Valérie de la *Valérie* de Scribe et Mélesville. Elle y a réussi et l'a même joué plusieurs fois de suite. Elle a repris ensuite le *Mari qui pleure*, et a créé des petits rôles dans la *Part du Roi*, dans *Jean de Thommeray* et dans *Tabarin*.

Mme ANNA BLANC

Mme Blanc (Anna), élève-lauréat du Conservatoire, a débuté à la Comédie le

20 septembre 1872, par une importante création dans la comédie de M. George Richard *les Enfants*, Le personnage était difficile, ingrat même, et Mme Blanc en a sauvé les côtés quelque peu scabreux par l'adresse et la distinction de son jeu.

Mme Blanc, si nos souvenirs sont bien exacts, n'a pas depuis cette création abordé d'autre rôle à la Comédie-Française. Elle a épousé son camarade M. Dupont-Vernon.

Mlle BIANCA

Mlle Bianca était très-aimée au Vaudeville où elle a longtemps joué, avant d'entrer à la Comédie-Française; c'est une soubrette excellente, vive, spirituelle; les yeux sont brillants, la physionomie est animée, on ne saurait être plus accorte, plus avenante et je dirai même — le mot n'est pas de trop quand il s'agit de jouer certains personnages de Molière — plus vraiment appétissante.

Mlle Bianca a débuté le 25 septembre 1872 à la Comédie-Française dans le rôle de

Lisette des *Folies amoureuses*; elle y a obtenu un très-franc succès.

Elle a paru depuis, avec le même bonheur, dans les *Femmes savantes* (Martine); dans le *Dépit amoureux* (Marinette); l'*Ecole des femmes* (Georgette); et même elle a joué *une* fois au pied levé, en l'absence de Mlle Croizette subitement indisposée, le difficile rôle de Baronnette de *Jean de Thommeray* (29 mars 1874). J'ai noté avec plaisir, pour la sympathique pensionnaire de M. Perrin, cette bonne soirée, si imprévue pour elle, et qui lui comptera dans la carrière brillante qu'elle ne peut manquer de parcourir à la Comédie-Française.

Mlle LÉA MARTEL

Intelligente petite fille qui joue tour à tour avec beaucoup de naturel et de naïveté les enfants des deux sexes dans l'ancien et dans le nouveau répertoire; fille dans le *Supplice d'une femme*, garçon dans *Marcel* et dans l'*Absent*.

Mlle SARAH BERNHARDT

Mlle Sarah Bernhardt a paru, pour la première fois, à la Comédie-Française, dans le rôle d'Iphigénie, de *l'Iphigénie en Aulide* de Racine, le 11 août 1862.

Le 24 elle jouait Valérie, dans la comédie de ce nom. Ce premier séjour à la Comédie-Française n'a pas été de longue durée, et avant d'y opérer une rentrée plus triomphale — et j'espère maintenant définitive — Mlle Bernhardt est allée pendant dix ans faire à la fois son talent et sa réputation sur deux scènes d'une moins haute volée, le Gymnase et l'Odéon.

C'est à l'Odéon que Mlle Bernhardt a surtout marqué, et là ses succès se comptent par le nombre des pièces qu'elle a reprises ou qu'elle a créées : *Le testament de César Girodot, les Arrêts, Phèdre* (Aricie), *le Roi Lear* (Cordelia) ; *le Drame de la rue de la Paix, le Passant, le Bâtard* ; *l'Af-*

franchi, l'Autre, Ruy-Blas. Mlle Bernhardt est rentrée à la Comédie-Française en possession cette fois de tout son talent, qui est très-grand, très-sympatique, très-original, le 6 novembre 1872, dans *Mlle de Belle Isle ;* le 14 décembre suivant elle jouait, avec un charme exquis, à la fois pour l'oreille et pour les yeux, le rôle de Junie dans *Britannicus ;* le 28 mars 1873 elle reprenait dans *Dalila* l'impérieux personnage créé au Vaudeville par Mlle Fargueil et que Mlle Favart avait joué la première à la Comédie-Française ; le 4 juin suivant elle créait, dans l'*Absent*, ce rôle de jeune veuve étrangère où elle s'est montrée si touchante et si plaintive ; le 22 Juillet elle enlevait très gaîment un joli personnage de coquette bavarde dans la fantaisie versifiée de P. Ferrier *chez l'Avocat*, et enfin le 23 mars 1874, elle remportait, dans le *Sphinx*, un succès tout à fait éclatant et qui ouvre de force, ce nous semble, à cette remarquable comédienne, et à deux battants, les portes si difficiles à violer du sociétariat.

Chez Mlle Bernhardt le geste est sobre, la tenue on ne peut plus distinguée, la diction claire, nette, modérée surtout ; l'organe est enchanteur, c'est une véritable musique ; l'ensemble de la physionomie est plein de charme. Mlle Bernhardt est une artiste dans l'acception complète du mot, elle est bonne musicienne, un peu lettrée et elle fait même de la sculpture qui n'est pas sans mérite.

XI

LES SOCIÉTAIRES RETIRÉS ACTUELLEMENT VIVANTS

Les sociétaires de la Comédie-Française retirés par retraite, par démission ou pour toute autre cause, et actuellement vivants, sont au nombre de seize, savoir :
Messieurs :
1° BRINDEAU (Paul-Louis-Edouard), né en 1814; a débuté le 21 mai 1842 dans les *Femmes savantes* et le *Jeune mari*. Se retire en 1854 après les débuts de M. Bressant. A eu sa représentation de retraite le 26 février 1859.

2° MAILLART, né en 1812, frère du compositeur Aimé Maillart. A débuté en 1838; a eu sa représentaton de retraite le 14 avril 1863.

3° GEFFROY (Edmond), né en 1806; débute en 1829, et prend sa retraite le 18 février 1865. Est rentré momentanément à la Comédie-Française pour créer *Galilée* (7 mars 1867).

4° Monrose (Louis), né en 1809. A débuté sans succès le 21 juin 1833, et enfin définitivement le 11 juin 1846. Il cesse d'appartenir à la Comédie-Française le 1er janvier 1869.

5° Provost (Eugène), fils de l'illustre Provost (Jean-Baptiste-François). A débuté le 18 juin 1859. Il cesse d'appartenir à la Comédie-Française le 12 mars 1869.

6° Regnier, actuellement directeur de la scène (voir, ci-dessus, la notice qui lui est consacrée).

7° Lafontaine (Louis-Marie-Henri) est admis directement comme sociétaire le 20 octobre 1863, et cesse d'appartenir à la Comédie-Française le 1er septembre 1871.

Mesdames :

8° Dupuis (Rose), née en 1788 ; a débuté en 1807 (1) et a été admise comme sociétaire en 1808. Elle s'est retirée le 1er avril 1835.

---

(1) A la fois dans la tragédie et la comédie *Andromaque* et l'*Ecole des maris*. Elle était charmante dans le rôle d'Agathe des *Folies amoureuses* ; un jour qu'elle jouait ce rôle, un spectateur lui lança sur la scène un papier contenant les deux vers suivants :

Une rose et l'aimable Rose,
C'est à peu près la même chose.

Sa fille a épousé l'ancien sociétaire Geffroy. Son fils, Adolphe Dupuis, a joué longtemps au Gymnase; il est actuellement premier sujet du théâtre français de Saint-Pétersbourg.

9° Mélingue, femme de l'acteur de ce nom, si connu au boulevard où elle a eu elle-même une grande célébrité sous le nom de Mlle Théodorine. A été engagée spécialement pour les représentations des *Burgraves* de Victor Hugo, et a débuté, en qualité de sociétaire (mars 1843). A appartenu dix ans à la Comédie-Française.

10° Denain (Léontine-Désirée), née en 1823. A débuté le 8 juin 1840 dans Agnès de l'*Ecole des Femmes*. Elle a quitté la Comédie-Française le 1er janvier 1856.

11° Noblet, sociétaire en 1833; a quitté la Comédie-Française il y a environ dix ans.

12° Figeac; débute en 1856 et passe dix années à la Comédie-Française, qu'elle quitte pour épouser M. Jaluzot, directeur des Magasins du Printemps.

13° Judith (Mad. Bernard-Derosne); a débuté le 30 novembre 1846 dans Emma de la *Fille d'honneur* et a quitté la Comédie Française en 1866.

14° Brohan (Augustine); a débuté le 19 mai 1841 à l'âge de 17 ans. Elle se retire le 1er mars 1868.

15° Bonval; a débuté une première fois le

6 avril 1843 à l'âge de 18 ans. Son deuxième début, cette fois définitif, date du 17 juillet 1847. A quitté la Comédie-Française le 31 décembre 1871.

16° Victoria-Lafontaine; a débuté comme sociétaire, le 26 février 1864. A cessé d'appartenir à la Comédie-Française, le 1er septembre 1871.

XII

L'ORCHESTRE DES MUSICIENS

Je ne veux point terminer sans parler de l'orchestre de la Comédie-Française. Il n'a jamais eu une sérieuse valeur, ni même une grande utilité, mais il a eu pour chef, de 1847 à 1855, un homme qui depuis a fait beaucoup parler de lui, M. Jacques Offenbach. Sous la direction du futur chef de l'école bouffe française contemporaine, l'orchestre de la Comédie prit une meilleure allure, joua parfois des morceaux assez intéressants et sut se faire écouter comme distraction d'entr'acte.

Le successeur de M. Offenbach, M. Rocques, laissa un peu décliner son orchestre, qui ne reprit point faveur avec son remplaçant M. Ancessy, lequel mourut en 1870. Depuis ce jour l'orchestre a disparu ; on l'a remplacé par de bons fauteuils, qui se louent avantageusement, et personne n'en a réclamé la réinstallation. Sa suppression n'a pas nui d'ailleurs à la dignité même du Théâtre-Français, et nous sommes, ce me semble, plus impressionnés, depuis que dans cette belle salle, véritable sanctuaire de l'art classique, nous voyons, après que les trois coups ont été frappés, se lever lentement ce majestueux et solennel rideau, sans que les fredons d'un orchestre banal aient précédé le spectacle.

Georges d'Heylli.

(Février-Juin 1874)

APPENDICES

APPENDICE I

Lettre de cachet constituant la Comédie-Française.

(22 octobre 1680)

Sa Majesté ayant estimé à propos de réunir les deux troupes de comédiens établis à l'hôtel de Bourgogne et dans la rue Guénégaud, à Paris, pour n'en faire qu'une seule, afin de rendre les représentations des comédies plus parfaites par le moyen des acteurs et actrices auxquels il a été donné place dans ladite troupe, Sa Majesté a ordonné et ordonne qu'à l'avenir lesdites deux troupes de comédiens français seront réunies pour ne faire qu'une seule et même troupe, qui sera composée des acteurs et actrices dont la liste sera arrêtée par Sa Majesté. Pour leur donner moyen de se perfectionner de plus en plus, Sa Majesté veut que ladite seule troupe puisse représenter les comédies dans Paris, faisant défenses à tous autres comédiens français de s'établir dans la ville et faubourgs de Paris, sans ordre exprès de Sa Majesté.

Enjoint Sa Majesté au sieur de La Reynie, lieutenant-général de police de tenir la main à l'exécution de la présente ordonnance.

Fait à Versailles, le 22 octobre 1680.

Signé : LOUIS.

Et plus bas,

Signé : COLBERT.

Et scellé.

APPENDICE II

*Constitution de la pension royale de
12,000 livres par an,
aux Comédiens français.*

(24 août 1682)

Aujourd'hui 24ᵉ jour du mois d'août 1682, le roi étant à Versailles, voulant gratifier et traiter honorablement la troupe de ses comédiens français, en considération des services qu'ils rendent à ses divertissements, Sa Majesté leur a accordé et fait don de la somme de 12,000 livres de pension annuelle et viagère pour en être payés sur leurs simples quittances.

APPENDICE III

Les 32 premières représentations du Barbier de Séville.

(Dates et recettes)

1re représentation,	23 fév.	1775,	3,367 l.
2e —	26	—	2,787
3e —	28	—	2,894
4e —	4 mars	—	2,859
5e —	8	—	2,610
6e —	11	—	2,803
7e —	13	—	2,532
8e —	18	—	2,528
9e —	20	—	2,432
10e —	22	—	2,234
11e —	24	—	1,688
12e —	27	—	1,908
13e —	29	—	2,544
14e —	22 mai	—	2,026
15e —	24	—	2,142
16e —	27	—	2,372
17e —	16 août	—	1,974
18e —	19	—	1,698
19e —	28	—	1,801
20e —	31	—	1,337

21e	—	2 sept. —	1,368
22e	—	4 —	1,351
23e	—	6 —	1,560
24e	—	9 —	1,560
25e	—	23 déc. —	2,306
26e	—	28 —	2,026
27e	—	30 —	1,477
28e	—	20 janv. 1776,	2,330
29e	—	28 —	1,553
30e	—	30 sept. —	2,571
31e	—	27 déc. —	2,570
32e	—	30 —	1,528

TABLE

	Pages.
IX. L'Administration................	83
X. Les Sociétaires et les Pensionnaires...	102
XI. Les Sociétaires retirés.............	169
XII. L'Orchestre des musiciens..........	173

TABLE DES APPENDICES

I. Lettres de cachet constituant la Comédie-Française........................ 175

II. Constitution de la pension royale de 12,000 livres par an aux Comédiens français.............................

III. Les 32 premières représentations du *Barbier de Séville* (Dates et recettes)... 178

Paris. — Richard-Berthier, 18 et 19, pass. de l'Opéra.

EN VENTE

à la même Librairie

THÉATRE COMPLET

DE

BEAUMARCHAIS

Réimpression des éditions princeps avec les variantes des manuscrits de la Comédie-Française et de la bibliothèque nationale

PUBLIÉES POUR LA PREMIÈRE FOIS

par

Georges d'Heylli et F. de Marescot

4 VOLUMES IN-8º

Avec portrait à l'eau-forte

Tirés seulement sur papier de Hollande, à 500 exemplaires

PRIX : 60 francs

CABINET SECRET

DU

MUSÉE ROYAL DE NAPLES

L'art ancien et l'art au moyen âge ne se piquaient pas d'une pudeur bien chaste; les plus admirables chefs-d'œuvre sont souvent accompagnés de détails obscènes qui en rendent impossible l'exposition aux yeux de tous. Le cabinet secret du roi de Naples est la seule galerie au monde où l'on se soit proposé de réunir tous les chefs-d'œuvre impudiques. Le livre qui les reproduit est l'indispensable complément de toutes les collections de musées, et doit trouver place dans un coin secret de la bibliothèque de l'artiste et de l'amateur.

1 beau vol. in-4° grand-raisin vélin, orné de 60 planches, représentant les peintures, les bronzes et statues érotiques qui existent dans ce cabinet.

Figures noires, broché. . . . . 40 fr.
Figures coloriées, broché. . . . . 60 fr.
LE MÊME, avec les deux collections de gravures noires et coloriées sur papier de Chine demi-rel. dos en veau à nerfs. . . . . 120 fr.

www.ingramcontent.com/pod-product-compliance
Lightning Source LLC
Chambersburg PA
CBHW070152230526
45471CB00002B/635